I0567646

DISCLAIMER

Copyright © 2021 DELTA CLASSICS

BESTACTIVITYBOOKS.COM

FIRST EDITION - Published 2021

Extra Graphic Material From: www.freepik.com
Thanks to: Alekksall, Starline, Pch.vector, Rawpixel.com, Vectorpocket, Dgim-studio, Upklyak, Macrovector
& Freepik.com Designers

This Book Offers Free Bonus Puzzles

Available Here:

BestActivityBooks.com/WSBONUS20

5 TIPS TO START!

1) HOW TO SOLVE

The Puzzles are in a Classic Format:

- Words are hidden without breaks (no spaces, dashes, ...)
- Orientation: Forward & Backward, Up & Down or in Diagonal (can be in both directions)
- Words can overlap or cross each other

2) LEVEL UP THE GAME!

A space is provided next to each word to write new ones, translations or notes. We also offer a convenient **NOTEBOOK** at the end of this edition. It can help you organize your annotations, new words and/or observations.

3) TAG YOUR WORDS

Have you tried using a tag system? For example, you could mark the words which have been difficult to find with a cross, the ones you loved with a star, new words with a triangle, rare words with a diamond and so on...

4) EASY TO CUT!

The Puzzles come with an Extra Large margin to easily cut the page out of the book. Some people may feel it more convenient to solve them this way.

5) FINISHED?

Go to the bonus section: **MONSTER CHALLENGE** to find a free game offered at the end of this edition!

Want **more fun** and activities to **relax? It's Fast and Simple!** An entire Game Book Collection **just one click away!**

Find your next challenge at:

BestActivityBooks.com/MyNextWordSearch

Ready, Set... Go!

Did you know there are around 7,000 different languages in the world? Words are precious.

We love languages and have been working hard to make the highest quality books for you. Our ingredients?

One part easy-to-read print, three parts entertainment, then we add some challenging words and a pinch of rare ones. We brew them with care to serve you lots of fun and an opportunity to solve the best puzzles.

Your feedback is essential. You can be an active participant in the success of this book by leaving us a review. Tell us what you liked most in this edition!

Here is a short link which will take you to your Amazon orders review page.

BestBooksActivity.com/Review50

Thanks for your fidelity and enjoy the Game!

Delta Classics Team

Puzzle 1

```
X J M J L X M E S W B S D T V
L E E B P Y R A L U B A C O V
Q R M Q O E O J B V Y N N M S
F K B C V E R H A I L C E O A
E E E S I D C H B L X K C R S
L D R B N H I V F Y Q L T R N
C X U G V N N K T D Y P A O R
I A W O F U N C T I O N R W E
T L B A B Y U T T L O O I M S
R R A T S H T A P O T T L R U
A D D R E S S P U N I S H F L
P I C T U R E S U N Z J U L T
G K J W W M N F P D X N P P X
I M H J V Z L M P C T K H Y T
```

RESULT
STAR
ADDRESS
FUNCTION
FLOOD
PARTICLE
MEMBER
TOMORROW
PATH
GOAT

PICTURE
VOCABULARY
SHY
SUN
HAIL
TOP
JERKED
PUNISH
NECTAR
MURAL

Puzzle 2

DOLPHIN
TECHNIQUE
TAPE
TAXI
FATHER
ACCUSE
MIDDLE
RARELY
BIT
ABLE

AGGRESSIVE
ZEBRA
SIGNAL
MINORITY
WATER
CAMEL
HANDLE
CANDY
HILL
LAUGHABLE

Puzzle 3

```
H B K C F O P M A Y H H L W W
A E W Q X U R A C Q B A K X Z
N K L Z G T A N V Z A P G L A
R A J L K S C U C D C P I N N
B C H Y O I T F G A K Y F A G
B P U I O D I A S D R I B H M
T U G I L E C C K Y W E D F V
P C R B V D A T T R I P F O D
Y P E Y P A L U S O F A B U T
T O W M E V I R R A I P Q E L
K O F X S N R E V E L C L E Y
O N E N C I C H I C K E N P T
N L E T T U C E Z R E V I E W
D S Y A M J C H K I M T O S Z
```

CHICKEN
BACK
HELLO
REVIEW
HAPPY
ARRIVE
TRIP
BIRDS
PRACTICAL
GREW

OUTSIDE
MANUFACTURE
LETTUCE
INVADE
TOE
LOOK
CAREFUL
CLEVER
CUPCAKE
SOFA

Puzzle 4

```
E D I S M I S S S I V F M F T
P X L R K G B I K V Q K A L L
R B E Q O R E P O Y R E N O G
E I D R I U L D O M Z N U A Q
F F O D C N N M B I R D A T A
E A M W J I N D F F B I L I R
R Q F Z S A S Q T I N Q L T T
S Q D E L T E E B G P T S B M
B Z N U Q R Y G N U R A U S E
K A P S D E M C H R P L P A Z
G P L R S C P V O E T K P X M
J L U L C H A P T E R E E W N
C O M F O R T A B L E D R R H
S K J R I C R I M E A M J Y Y
```

BALL
COMFORTABLE
TALKED
BIRD
FLOAT
CERTAIN
BOOK
FIGURE
CHAPTER
MANUAL

SUPPER
BEETLE
PREFER
ART
EXERCISE
CRIME
OFF
ROUND
DISMISS
MODEL

Puzzle 5

```
O P E R A T I O N X B E L L J
E K F M G O D E P J U Y V I S
V G F Z C O S N E P I H S B M
I I D G P G O R O R L P S R Q
D P T E Z P R D P B D B E A Q
E O E G L G D A L G I R R R Z
N I V W X S V N E B N T P Y S
C S I Y C Z R G U F G G K H R
E O T F T H E R M O M E T E R
N N A E C T T U L M S M P S W
U B M V H B S V S G I A V I K
S K I E I P Y W S Q N D A X L
W U N R L B O A R D K E G W P
S H S N D C O N T R O L W N J
```

MADE
FEVER
LIBRARY
THERMOMETER
CONTROL
SLEDGE
VITAMINS
GOOD
DOG
EVIDENCE

PRESS
POISON
OPERATION
BUILDING
SOUND
SHIP
SINK
BOARD
CHILD
PEOPLE

Puzzle 6

```
I  N  T  R  O  D  U  C  E  K  R  C  V  M  B
T  R  O  U  S  E  R  S  K  D  Q  O  X  F  X
E  W  Y  L  F  E  R  I  F  E  V  M  B  D  R
I  Q  R  G  N  I  T  N  U  H  W  M  X  M  K
O  N  C  I  S  O  M  E  I  C  S  U  F  E  D
F  X  F  W  T  S  O  H  O  A  U  N  T  W  I
R  A  X  O  P  E  L  A  M  E  F  I  A  H  P
J  X  V  X  R  V  P  B  D  R  P  T  L  O  L
D  E  L  O  K  M  L  Z  T  W  W  Y  E  M  O
V  D  E  I  R  R  A  M  H  T  J  E  N  R  M
C  K  C  Y  P  I  I  T  G  D  O  C  T  D  A
O  A  Y  A  D  H  T  R  I  B  O  L  E  G  W
B  V  U  W  G  J  W  E  E  O  I  U  E  B  A
E  X  P  R  E  S  S  S  W  A  N  H  T  X  H
```

INFORMATION	TALENT
REACHED	CRY
MARRIED	COMMUNITY
FEMALE	WEIGHT
HUNTING	WHOM
EXPRESS	FIREFLY
WRITE	INTRODUCE
TROUSERS	SOME
BIRTHDAY	HOST
DIPLOMA	FAVORITE

Puzzle 7

```
J F L B K A F E O H T C Q M C
F A T X Y F O V L I O O H W O
M E C Y H Y M E A G N N S U U
Q N F K S D G R U H S F L S N
P H V R E N E P O W I I E M T
V I M O R T L M M A P D T W R
Q Q W N F S N V K Y D E T V Y
U W W G Y I B E X H A N E L X
F K J L A S E I W X W T R S C
G E H T A E R B B R N I V M M
A U K Q B R D T S U H B A W V
J I Y R E D N I A M E R U K F
J K H S P E R M I T B O C D V
B R I L L I A N T L H Y C H T
```

OPENER	GUYS
CONFIDENT	LETTER
BRILLIANT	WENT
PERMIT	LEG
HIGHWAY	REMAINDER
BREATHE	NOR
RESIST	EVER
COUNTRY	FRESH
JACKET	WHO
ORBIT	DAWN

Puzzle 8

```
F O O T B A L L H E G P X D E
F W H N D O R X A J C B V E W
G R A D U A T E I S Q F S C S
H H R M A B Y Q R P L U M A C
F W T R U J P W R T C E U Y U
E T A L U T A R G N O C H M P
S X E B K Q O A C A C A K E O
O P H F R O S T O R H I T E L
O Y R I Y S W F N U W Y M O I
G H P E B M S W D A G A X A T
J U F P T I S E O T E T L O E
L E A K W T T L R S K F F L X
B M V C R K Y J R E T H V O B
P L Y N K V I E W R L S P L K
```

EXHIBIT
PRETTY
VIEW
FOOTBALL
GRADUATE
POLITE
SOAPY
CAKE
PLUM
WALL

DECAY
HIT
GOOSE
LEAK
HAIR
HEAT
CONDOR
FROST
RESTAURANT
CONGRATULATE

Puzzle 9

```
Q E L B I R R E T N U O M A S
G P U A D N E E D L E L A E C
W Q E D Y R A M I R P R J Y I
V O T E P E A M I Y A W Z Q J
E N A L B G J G Y N O X P U I
X U R G E D D X O T R D R B E
P K E N J A B H X N B L H B G
O C P A R B B L A I C I F F O
R X O T S B S C C A R O Y B X
T B E D H L O O H T X T E X L
Y E A K O B A L D E Q B E N N
F A C E O F C C G R V B U R O
A A N E T A C I D E D E I T M
G J M S A C T Q W S U J Y T Q
```

NEEDLE
DRAGON
RETAIN
TERM
OFFICIAL
TIED
VOTE
TERRIBLE
BADGER
BAD

BUT
SHOOT
DEDICATE
EXPORT
OPERATE
SEEK
FACE
TANGLED
PRIMARY
AMOUNT

Puzzle 10

```
Z U T D S U O R U T N E V D A
R A W K E E X T L J W M Y I A
E D O T I Y V R R Y S O F S V
H V U T L W L E Q A D C N A A
P K W J P Y X H N N M E O P I
W R J G P R A T D I Z A G P L
W P E S U E I O E A N W N O A
C A T D S V S M S T P G Z I B
N I E Z I O K V P S P U W N L
P A P E R C Q Y I U Y Z P T E
G Y M R A E T Q T S L E V E L
O K U A P R M E E L A C K D H
U O W G L M O U N T A I N S S
H E P V V E C R I T I C A L X
```

CRITICAL	LACK
MALE	LEVEL
ADVENTUROUS	COME
PAPER	RECOVERY
MOUNTAINS	EVENING
PREDICT	TWO
AVAILABLE	ARMY
SUPPLIES	DESPITE
MOTHER	DISAPPOINTED
CAT	SUSTAIN

Puzzle 11

```
O L V L N E C E S S A R Y T S
T Y T I S O R E N E G S O A T
E U B O V Y R W N N M R G L O
T S R N M D H B H I O J V V A
M P V T R G V D H T X I S I T
A N D R L R T I I W C T P O I
B K U O X E N S S C U L B L N
V E R D I C T T T I B A H E D
H O R L A F T R O F M O C T E
L V F J I D W A R E G N I G E
A S S I G N F C Y R A E W G D
R L D D U C Y T Q A O M G Y T
U Y Z M A G B L U E B E L L F
S U N S H I N E C O N C E R N
```

DISTRACT
SIXTH
HABIT
SUNSHINE
ASSIGN
CONCERN
WEARY
INDEED
VIOLET
VERDICT

BLUEBELL
GENEROSITY
DAD
LION
TURTLE
NECESSARY
HISTORY
COMFORT
GINGER
STOAT

Puzzle 12

```
S M S L B Y A B Y G G U R V N
Y K O M Y A P M U R D D A E Q
N O D L X G R W B S R M H U I
F N E C O R N M S I V P C A R
S X A E R U S A E R T K A C P
O J R K C A L B T K B I M R M
C S W O N K P L C O S Y O D E
K I Z M F X H O U O G T N R
S D J S N D E C A E S L S X E
B E T C K P M A S H A L L T C
M S V O W Q E T V A S T D O U
V F G H P T C E J B U S L H V
T H J G Y O E S D Q W Z I I R
F C C H A R A C T E R K L Z Y
```

MERE
VAST
DRUM
SHALL
KNOW
TOOL
TREASURE
STOMACH
ADD
BAY

SOCKS
BLACK
AMBITION
CORN
LOCATE
SUBJECT
SIDES
SMOKE
CHARACTER
DEAR

Puzzle 13

```
X R K L S N A P Y T C U S A X
R E B A B T X U L W R J W N K
D D O I I K Y S Z U I C O Y S
P Y Q C S R P L P H T M D A P
S J I R J S L S E O I B A K W
R T D E F E R E E T C R C R N
E H Y M R F G E E T I I C A Q
T N E M G A R F Y K S E O L Y
R R W O Y M D G B E M F M T H
A E O C C L O U D Y S T P K J
U T R L I V I N G K N V L Z C
Q S K F A M I L I E S J I H C
R E C I V D A S E O X L S J T
Z W T W E N T Y N O P K H J S
```

STYLE
CLOUDY
TWENTY
BRIEF
FRAGMENT
QUARTER
CRITICISM
COMMERCIAL
HOT
PONY

WESTERN
LEEK
DEFER
RED
EYES
WORK
ACCOMPLISH
FAMILIES
ADVICE
LIVING

Puzzle 14

```
G N I K O O L Y M X E B S D J
C N V N F T R O P S G D H E V
E D I T T R H P D E Y S A T T
M B U S Y E E R F Y U T R T Z
O M R Y D P R V E D S A P O Z
O S C Q O Y O A E A O N E P C
R I N S T E A D C R T D N S U
S N O W F L A K E T T B E T F
S Y S V W E R E L R I K R O F
A L A S T L U A F Q S O W O N
L A F F E C T I O N N O N L Q
C E M A I N T A I N S T Z A G
G Y U Y V W N E M G Q O P W Z
D T W G Q G G Y Y K V M E M M
```

REVERT
SPORT
AFFECTION
FAULT
INSTEAD
MAINTAIN
LOOKING
CLASSROOM
BUSY
TOOK

EDIT
SHARPENER
SPOTTED
SNOWFLAKE
LAST
WERE
INTERACTION
STAND
THREAT
STOOL

Puzzle 15

```
I N E B Q O G D B A B S O R B
N G N P P Z I U E R Y O J Z J
T N E U Q E R F A F A H I P V
E V E I L E B C C O Y P I D I
R C S I M X P O H D H P R P R
R D S R I A T S N W O D O O E
U X V E S G N I H T H Q O S J
P N A R R O W A V X M X S T S
T R N O W G S F G A S E T M H
P H Y F H A M Q O E F E E A O
B J A E Y V V B Q R R N R N W
I D E B W O N D E R K D R A E
U X P B I S O N C U T U L R R
C O N S T A N T L L F L F P V
```

FORK
POSTMAN
INTERRUPT
CONSTANT
MANAGER
NARROW
BEACH
BISON
FREQUENT
AGO

CUT
END
BEFORE
ABSORB
BELIEVE
WONDER
DOWNSTAIRS
THINGS
ROOSTER
SHOWER

Puzzle 16

```
R M E P B N I W K B I A W A P
Y Y C T E W A R D H T I W B R
C C J U F W M T Y B J Z B B I
G E T T I N G B I P B C R R V
S N E T L F O A P O F P G E I
X C C J C M T L E T N R U V L
Z J H U Q O Y L R S B A W I E
J D A O U J N O I Y O H L A G
H Q D E O O N O O A T S A T E
H J V V C L U N D S T J U I W
C A R P E T B S M F L Z N O Z
D E P R E S S A S K E S N N E
P A I N B A E K G M S Y A W A
S U R P R I S E D G I J E Y W
```

STOP
DEPRESS
SURPRISED
SHARP
PRIVILEGE
ANNUAL
ABBREVIATION
PAIN
BOTTLES
CARPET

BALLOONS
LIFE
PERIOD
GETTING
WIN
WITHDRAW
BUNNY
NATIONAL
AWAY
SCHOOLBAG

Puzzle 17

```
R K L J G X S H A P D N A R G
T C K Z J E T K C L U P G P N
O E T K R F I P C E K A O Z I
O M E B X A L J O C N R V I R
F N B T G O L L M T C A E N U
P L Y I H L X Z P Q O G R T D
G P C L U I S A A C L R N E M
K M A L W F A G N B L A M R E
D E V L O V N I Y O I P E C A
H A L E S S O N U R D H N E D
T E N I M W D E B R E W T P O
I V A G E Y S X D O H K I T W
G L U D L E T O M W O C O O T
U N Y T N E M T R O S S A V B
```

BORROW
FOOT
LESSON
TEETH
MOTEL
ACCOMPANY
INTERCEPT
GOVERNMENT
COLLIDE
ASSORTMENT

DURING
BUY
COW
MEADOW
DANGLE
GRANDPA
PARAGRAPH
HEAD
INVOLVED
STILL

Puzzle 18

```
S  A  E  C  A  G  R  O  U  N  D  Y  N  N  C
E  Q  M  H  T  D  I  W  P  Q  L  Z  N  C  O
V  Y  O  D  O  K  L  P  I  J  H  J  E  V  L
E  L  T  E  M  I  T  E  M  O  S  J  B  R  O
N  S  I  R  I  I  F  U  E  S  C  C  K  M  R
Y  U  O  I  C  E  D  R  E  N  T  R  A  P  F
X  O  N  U  Q  I  R  E  C  H  I  L  L  Y  U
M  R  A  Q  U  E  A  T  N  G  G  N  L  P  L
J  E  L  E  B  S  H  O  O  T  A  C  F  A  W
S  G  S  R  R  Q  M  O  I  D  I  T  W  R  O
P  N  N  S  R  A  H  C  T  I  T  F  E  S  R
M  A  X  N  A  J  O  S  A  B  D  F  Y  N  N
N  D  Z  Z  P  G  C  D  N  Q  K  Z  A  I  Y
C  O  L  A  M  R  E  T  T  U  B  P  G  P  P
```

CHILLY	BUTTER
PARTNER	NATION
COLORFUL	IDENTIFY
WIDTH	PARSNIP
MESSAGE	SCOOTER
SEVEN	HARD
GATE	REQUIRED
GROUND	WORN
ATOMIC	SOMETIME
DANGEROUSLY	EMOTIONAL

Puzzle 19

```
G G D I D F H W V X I M Q K A
I N T E R N A L H T C O B F N
C I R C U L A R Y E I N H S I
I D E N T I C A L W N I I I M
I G H O S T B F E Z A T G C A
V N P L A N T S T X H O H K L
C W V U Y B Z O E P C R L Y S
D P E E Y Q E Z L E E F I R P
U F U O S H P D P I M Y G J D
G V E S T T Z J M J L P H G L
I C J P H P M J O S L M T M C
X G E M K E U E C N A D H Q M
T M Z P U T D R N W H H T T K
P E R F O R M F O T H O S F H
```

COMPLETELY	WHEN
PERFORM	PUT
INVESTMENT	PLANTS
MECHANIC	HALL
HIGHLIGHT	SICK
IDENTICAL	FEEL
GHOST	INTERNAL
PUSHED	DANCE
CIRCULAR	MONITOR
MIX	ANIMALS

Puzzle 20

```
C W E F O R M E R P I L V A S
O J F F A E O E B E L I Z O W
M D F I S M Q T B U Z E P P I
P A E E H O D A H B T P A F N
A B C L A E V R E S B O T S G
N E T D D H Q T J B T H K J E
Y A N N O I S S I M R E P L Y
K R D E W X Z U L G E A Y P E
P A R T I C U L A R L Y O V M
U G E R A F I L F E A U K E H
W X V G E C N I V N O C R D T
Y G Y U S A I N C I D E N T Q
O I D I L L C E S T I M A T E
E X C E P T Q H Y V W C W G E
```

COMPANY
EFFECT
BEAR
REPLY
SWING
INCIDENT
FORMER
OBSERVE
PARTICULARLY
TUBE

CONVINCE
ALERT
FIELD
ESTIMATE
SHADOW
EXCEPT
MISSION
PLEASE
REACH
ILLUSTRATE

Puzzle 21

```
R  M  F  I  C  R  C  P  B  X  I  G  R  A  G
R  Q  D  B  O  P  I  Y  C  T  L  Z  P  O  O
F  U  N  N  Y  O  P  J  C  D  F  Z  S  E  A
E  Y  E  A  T  T  R  E  D  L  U  O  H  S  L
G  R  F  D  R  A  P  O  E  L  I  S  O  C  K
T  O  N  Y  I  E  Q  V  E  R  B  N  W  T  N
Q  L  R  G  C  P  D  F  N  E  I  O  G  F  X
B  E  G  S  K  C  O  P  P  E  R  I  N  R  C
R  E  D  U  C  E  B  L  O  C  K  T  A  I  S
T  R  A  N  S  P  O  R  T  T  S  P  T  E  I
P  C  G  Z  V  Q  X  T  W  V  W  O  V  N  L
A  C  K  X  D  O  F  C  E  Y  W  I  I  D  V
S  U  A  A  M  N  V  C  S  N  A  M  C  S  E
S  F  K  Y  M  X  T  M  O  U  D  A  J  E  R
```

LEOPARD	CYCLING
TRICK	PASS
SILVER	SHOULDER
VERB	GOAL
FUNNY	ROLE
REDUCE	EYE
COPPER	FRIENDS
TEND	BLOCK
OPTION	TRANSPORT
TWICE	SOCK

Puzzle 22

```
M R N F G N O R W P P H E R Q
R H Y N H M O D E E R F X Z L
D T R W Z V B I S Y S N P U E
E R M Q V R B L T R W P L B B
S Y V E Z U B N Z C O G O A F
K J M U P O T S J K U Z R S O
M O V E K W A H C T I D E I M
C Y U C S Z O D A M G A O C L
V L H P W E C Q X D Q T C R Y
Y L D N E I R F X F N T M F P
Y A L D E E A L L I W E E Z S
B U S I T C R I G H T M L Y E
T S J U I C E O E W T P T P H
N U S Z Q E W B X O S T I B Q
```

ATTEMPT	JUICE
MELT	PRODUCTION
FREEDOM	DITCH
USUALLY	COAT
SWEET	WILL
BOIL	POT
MOVE	HAWK
FRIENDLY	RIGHT
EXPLORE	BASIC
WRONG	DESK

Puzzle 23

```
A D M I N I S T R A T I O N P
K T D W X K I D D I N G W D R
G N O L C N R R U B F G I Z T
T Y O E X A M I N A T I O N H
R T T C A R E T N I L F J M A
E I D A K A N N O Y V V H M N
A T V U H D E I R D Y P X L K
T N W H O Y N A C I R E M A F
Y A T R J W H U P L T Z U M U
S U P P O S E D O E O V Z I L
J Q O A O Q O O C F D D P N L
C A B O R R V I K F A T B A Y
W A S T E M X E E X Y S J G U
V M E R L L A B T E K S A B B
```

KIDDING
ANIMAL
BASKETBALL
THANKFULLY
EXAMINATION
POCKET
AMERICAN
ARM
KNOCK
FOUND

DRIED
ANNOY
TODAY
INTERACT
WASTE
LONG
ADMINISTRATION
TREATY
QUANTITY
SUPPOSED

Puzzle 24

```
F T H Y C S L F V W D D J N F
Y E C D N N M E E F J E O E U
C P U S H I G I M A J P U I H
H T O O K F V U G O P E R G S
K T T H V F I C E R N N N H P
C B S Q G U H E R P A D E B E
I M M E D I A T E L Y T Y O N
P G F D H Z F A H R D A E U D
W E A T H E R D W N E H H R U
I N C L I N E I Y Y X W J S X
F R I D G E L D R E O U I A C
D R A W O L Q N E I V L D N M
S N I Y K C C A V E M P F R D
H I Z I Y Y T C E R R O C K D
```

JOURNEY
SPEND
IMMEDIATELY
EVERYWHERE
SNIFF
DRAW
INCLINE
LEMON
WEATHER
PICK

CANDIDATE
CORRECT
REWIND
WHAT
PUSH
FRIDGE
NEIGHBOUR
TOUCH
DEPEND
MIGRATE

Puzzle 25

```
O D V W M T L X H Z D V I R H
C F R U K S I E C N A T S I D
Z U G K L H L G A D R I V E R
H Q P O I E B Y G R E N E T E
M J S O N L O B X A N K C A Q
D H H H W F B R S U T S N M U
Z P X S N U B F T C R M I I A
T E H K J D R O E P W L S L L
S V V Y Q P T K A R W B J C M
U B O R E D N S M R O W H H L
N S S G R S C Y H U W V X P Q
S G M T S A P W Z A C D G E G
E I B I Z G W A X L K Y I X E
T E V A L U A T E I W Y K E Y
```

SUNSET   SHOOK
BORED   DISTANCE
DRIVER   KEY
LEARN   EVALUATE
SHAKY   SKY
BUNS   SON
SHELF   WORM
EQUAL   CLIMATE
ENERGY   STEAM
CUP   SINCE

Puzzle 26

```
B V A S P S E C U R I T Y P N
A A G R A S S H O P P E R E A
N R S O U T H E R N Y F I C V
A I S S E U Z G I S P F C K I
N E P N O I T I S O P A Y E G
A T A O E L U E H E V R Z T A
H Y I N S V O C V F N I Y Y T
S N U L S L H A M A V G B C E
T O P I C O G P S S C O U A N
Y B L A F X U K X P L U K L C
I Z L M W G O R G N L S A M C
E Q E W K K R P C E B I U T K
G A R D E N H D N E F E D R E
P M G F F I T G C S N X V P E
```

MAIL
SURE
VARIETY
SOUTHERN
SECURITY
PACE
PECK
CALM
DEFEND
THROUGHOUT

SOURCE
POSITION
GIRAFFE
TOPIC
SEEN
EVACUATE
GARDEN
BANANA
GRASSHOPPER
NAVIGATE

Puzzle 27

```
T  N  E  M  N  O  R  I  V  N  E  O  P  T  C
V  O  L  D  X  J  K  E  E  W  L  Z  L  S  H
U  I  L  G  Q  A  T  A  D  L  O  F  A  P  E
S  T  A  D  Y  R  R  O  S  D  S  Z  I  I  S
W  C  I  X  A  W  E  H  U  M  A  N  N  G  T
A  E  S  B  A  T  P  C  B  B  V  L  S  H  N
A  S  E  E  K  J  O  A  D  E  A  R  T  P  U
Z  F  N  X  R  N  R  T  T  A  D  K  I  V  T
W  P  F  U  T  V  P  T  J  U  R  N  G  N  S
F  W  P  O  K  L  I  A  P  T  I  O  X  N  O
C  B  J  Q  R  S  O  C  K  I  V  W  B  D  Q
I  E  B  F  C  D  Q  Z  E  F  E  N  E  A  S
C  H  N  T  I  B  H  U  Z  U  S  L  U  B  L
K  W  D  C  D  I  F  S  P  L  S  Y  I  E  R
```

BEAUTIFUL	PLAINS
SECTION	DRIVE
FOLD	WEEK
ATTACH	PROPER
HUMAN	SERVICE
CHESTNUTS	PIG
BAT	SORRY
BUS	ENVIRONMENT
KNOWN	AFFORD
ITS	LADDER

Puzzle 28

```
S I K C O M P L E T E N L Q C
M H H R N G A E E V R E Y K A
T E O G I O O W T V C S B R U
H N J U D E S A E L P E K I L
G Q E W L P E V D R E S S D I
U C Z S I D Z O I H C U I J F
O C O U N T K M U N A D R Y L
R R E H T I E N Q B R G C N O
D H D R A W O T S X M R S I W
X L Q I C O N D U C T E E Q E
T Z E C N E D N E P E D N I R
I A F N J A V H E N Z P H M A
T I S P D M R C O R O S S E K
T B H K S U K Y T R I H T Q V
```

CONDUCT
TOWARD
TASK
RACE
CAULIFLOWER
COUNT
INDEPENDENCE
RISK
DRY
PLEASED

DRESS
LIKE
NEITHER
SQUID
ORDINARY
SHOULD
THIRTY
COMPLETE
SOAP
DROUGHT

Puzzle 29

```
O B A D A P X P O P U D H T T
P R T P E N I W C E U Y R N O
E O H P R T S E Q U E N C E L
A U L Z N O E C O L O U R I E
B G E T I K B R A B O X A C R
Z H T A A C H L M I B E A I A
P T I C T O D E E I F K C F T
L M C E R L K P R M N F L F E
Y U S L E C Q A P O B E E U B
B O U O T A L O N E N S A S U
C M V P N H Q W L J P R R N T
P Y M R E T N E C R O C U S O
S V Q K I L Q F K A Z W Y X U
H L F M R J D U Q Z G Q H G X
```

ATHLETICS
COLOUR
BROUGHT
SEQUENCE
HERON
PROBLEM
BLUE
KITE
TOLERATE
CENTER

DETERMINE
SUFFICIENT
CROCUS
ALONE
WINE
PEA
CLEAR
ENTERTAIN
POLECAT
CLOCK

Puzzle 30

```
P O I N T Y L F I S P B M J Q
U S H O C V V V L Y B L O P Z
B E T A L P K G X H H W U Z N
L W O O Y E L I M I H L S E U
C N O N C P L O O H C S E N M
Y O T P G K M B X S C V N M E
Z W C B R C I E A A P L K H R
F K E K X Q U N N T H E M E A
K R X L T L Y Q G L S K V V T
D E I R R A C X I E E N E O O
A S S U R E I M I T N O U R R
E X P L A I N L L A W I Q P F
D E S T R U C T I O N N G D Y
P R O F E S S O R B F O F T E
```

ASSURE	FLY
COCKTAIL	SCHOOL
PROFESSOR	POINTY
MILE	LET
STOCKING	PROVE
MOUSE	TOOTH
NUMERATOR	ONION
THEME	PLATE
EXPLAIN	DESTRUCTION
UNSTABLE	CARRIED

Puzzle 31

```
P F Q N A K Y P E R S O N A L
D E D E W S H E X R W P I W U
A D N I P X I S R E P O R T Y
S S S N S J M K D D T H I S N
V Y S R Y X Y B L I E V C E C
D I A E B L N U O P S F Y Y H
Z N Y C S L B I C S B H V F A
S Z V O W S F L P U R P L E R
Z E L H F G M D T A M E S L G
A L R I G H T E W D G E K N E
I M P R E S S U N T K X O S M
Q W D E Z I R O H T U A Y C D
I O M U B G R U S H C X S S F
C A U T I O U S M L Y S P Y O
```

DISH
SPIDER
SWEDE
PERSONAL
ASSESSMENT
THIS
AUTHORIZE
ALRIGHT
IMPRESS
CHARGE

HIM
RUSH
REPORT
COLD
SIX
PURPLE
BUILD
WET
CAUTIOUS
PENNY

Puzzle 32

```
G N E T N E P S F K W K N O T
C E G N E L L A H C K P H Q S
V A N A Z L F T L W K R O M A
K R M T C V N U X K O X C E
P W K P L Q N E V E R J Y W C
K E T P U E A G A B H E H F N
D Z R M B E Q I C L I C V H A
A B M D A L G L V L N T L N T
G N I H S I F L F U K J A P S
A V S C E S K E L E T O N H B
B Q O T M I J T U P T V K F U
G Z L A B V R N V J G T J M S
O O C W N V T I Y X J Y V V U
D E C L A R E O R G A N I Z E
```

BASE
SPENT
INTELLIGENT
DECLARE
FISHING
CHALLENGE
KNOT
EAST
GLAD
CAMP

BAG
SKELETON
GENTLE
PROJECT
NET
PER
WATCH
NEVER
ORGANIZE
SUBSTANCE

Puzzle 33

```
E  C  C  A  M  E  R  A  O  Z  F  P  K  B  P
X  O  D  E  V  E  L  O  P  M  E  N  T  E  U
A  N  D  I  R  E  C  T  I  O  N  R  B  T  R
M  F  O  Z  B  O  D  Y  G  O  L  O  P  A  C
P  I  J  S  A  G  A  I  N  S  T  Q  J  R  H
L  N  R  W  R  M  R  W  S  A  J  D  K  A  A
E  E  Q  T  N  E  D  P  T  M  N  C  B  P  S
U  G  T  F  S  V  P  E  O  E  Q  S  T  E  E
L  A  T  Q  A  G  N  X  R  A  R  G  W  S  E
Y  L  L  U  F  Y  O  J  M  S  R  H  P  E  B
Y  L  P  Q  O  A  L  U  L  U  C  A  I  A  R
X  I  H  U  S  T  O  O  D  R  R  V  F  B  D
B  V  X  T  N  E  D  I  S  E  R  P  F  J  W
S  H  E  E  P  C  O  N  C  L  U  S  I  O  N
```

PRESIDENT	MEASURE
JOYFULLY	ANSWER
AGAINST	EXAMPLE
BODY	VILLAGE
SHEEP	DIRECTION
PERSON	SEPARATE
PURCHASE	CONFINE
CAMERA	STOOD
DEVELOPMENT	STORM
CONCLUSION	APOLOGY

Puzzle 34

```
A F I W S L Y O A O V G T Q C
Z T W F Y M S P S R E N R O C
C U K E S N A G E R V H A D T
H O G A S H S S E L E S N E S
I H O R W L A C M A R N M W E
I S G K L Q W P F U Y X U O R
C I H G Q A T L E S T I L H E
B O R D E R R H R U H M O S T
R A T H E R O E K C I H C K N
P N M P S I P A V Q N A E X I
G U V M K H P R O E G O R P I
C A N A R Y U Q M S S I F S Z
B V S P U I S O P P O N E N T
T I Y M U Z P Q S H R I M V W
```

OPPONENT
SENSELESS
SHAPE
RATHER
COLUMN
SHOUT
INTEREST
CANARY
COOK
HEAR

SEEM
USUAL
SHOWED
BORDER
CORNER
EVERYTHING
FEAR
SUPPORT
CHICK
SEVERAL

Puzzle 35

```
T T A O B I P D L S S M W R S
H E L B U O D O V M A I O E T
E M A M I A Y W L K Y S R A R
A P Z C M N A Z X I S S R S A
T E C Z R X S M B B C O I O N
R R F C O O I P S V W Y E N G
E A F X F L S I I W B X D U E
S T I B W Z E S Z R H F A K G
N U R B D X S T H R E V N F N
E R E V F T S B U X I J C Q A
D E Q C L M A N O X C E V F H
G N I V A E L Z Y E V B E E C
Z L Y N T E G C L I Z A R D Y
D A I V A E N P W Q O X Y N P
```

WORRIED
INSPIRE
ACROSS
FORM
GLASSES
MISS
BOAT
LIZARD
THEATRE
REASON

POLICY
STRANGE
LEAVING
CHANGE
SAYS
DENSE
DOUBLE
TEMPERATURE
FIRE
FLAT

Puzzle 36

```
K  B  R  I  G  H  T  A  E  B  Y  I  C  F  C
C  Y  L  O  J  N  X  S  C  E  N  E  O  L  H
O  U  L  F  J  Y  W  Y  C  G  I  K  V  A  E
T  X  R  M  O  D  S  I  W  O  A  W  E  G  E
S  Z  A  R  I  P  Y  K  U  B  R  Y  R  C  R
S  Z  M  G  E  G  M  S  T  L  Q  O  L  Y  F
E  R  V  S  P  N  H  F  V  I  U  J  W  H  U
N  T  R  C  L  W  T  T  D  N  E  T  X  E  L
R  W  B  S  Y  O  R  T  S  E  D  B  S  Z  Z
E  E  K  N  U  R  T  O  C  Y  D  N  T  M  K
D  L  A  N  Q  C  Y  M  Q  H  I  M  R  E  T
L  V  C  E  E  J  U  T  D  B  Y  R  E  K  W
I  E  A  E  T  E  Q  T  Q  Z  J  A  A  O  H
W  A  N  N  I  V  E  R  S  A  R  Y  M  G  E
```

BRIGHT	TWELVE
EXTEND	STREAM
SCENE	CROWN
RAINY	ANNIVERSARY
WILDERNESS	DESTROY
GOBLIN	CHEERFUL
TRUNK	WISDOM
MIGHT	STOCK
KNEE	CURRENT
COVER	FLAG

Puzzle 37

```
E  M  P  B  C  B  J  A  Y  I  U  A  W  R  N
E  E  M  L  J  J  Z  I  F  F  D  M  Z  E  A
V  W  J  X  A  L  U  N  C  H  K  D  D  C  U
P  A  R  K  K  Y  B  D  W  Y  Q  Q  D  O  B
U  C  M  T  Z  Q  I  E  D  A  E  B  M  R  F
L  I  T  T  L  E  K  N  I  P  K  L  Y  D  I
L  R  A  O  Y  J  P  C  G  E  A  E  S  E  V
O  E  S  E  L  C  I  C  I  X  D  N  T  P  E
P  R  Y  K  K  W  S  T  U  C  D  I  E  P  J
S  R  A  S  V  T  E  M  H  I  K  F  R  O  D
R  O  R  S  A  K  H  Q  T  T  E  E  I  T  W
Y  R  D  S  M  F  L  A  R  E  O  D  E  S  N
P  O  Y  F  S  B  W  G  T  D  W  J  S  Z  V
C  O  M  P  L  I  M  E  N  T  A  R  Y  I  S
```

STOPPED	PINK
MYSTERIES	WAKE
PLAYING	RECORD
COMPLIMENTARY	MET
ICICLES	PAY
LITTLE	SAT
THAT	LUNCH
PARK	EXCITED
DEFINE	ERROR
YARD	FIVE

Puzzle 38

```
Z U Z I N H T R O W A M I S E
G R A D E W A B R N T R F A V
O N N I P C N R J N A P I U C
V S O H O G Y W E L I E N S P
Z I M P O R T C T E A R A A O
T X V R F I J W L O H C N G U
S O C I E T Y P E E E D C E N
E G R Z U E Y O T Z N S I S D
U J V E M E U T O N K T A F S
Q E T T Z R W A H Q F E L G E
E O S Y S T W T G I A E D N Y
R S M Y S S M O L O N L H W X
Y J M C L L A O O C A V I T Y
Q Z Y C W Z P N W B B C Q N G
```

POUNDS
WORTH
OPEN
TEAR
CAVITY
SAUSAGES
SOCIETY
GLOW
STREET
CYCLE

NOT
REQUEST
GRADE
HARE
HOTEL
FINANCIAL
IMPORT
STEEL
POTATO
ZERO

Puzzle 39

```
E E N I B M O C N W G F V Q K
P R O G R E S S U O G H T F Z
Z L A T N E M N O R I V N E L
V E R S I O N D S H L D O W N
P S P E B F T B E T J E K Y C
F R H K C W H V V G N X D E N
B E O W T Y E F O U N T A I N
L C D B N S Y S I N G I N G K
O O O E A T O O T H P A S T E
U C C J R B C O M M I T T E E
S O E L K A L H S M E L L E T
E A A H H H L Y H A V I N G W
F C N J X V S K I N W N C W E
W K E S X G O E T K D R J U Z
```

PROGRESS	SINGING
VERSION	HAVING
COCOA	THROW
DOWN	SMELL
FEDERAL	OCEAN
PROBABLY	BLOUSE
THEY	FOUNTAIN
COMMITTEE	ENVIRONMENTAL
CURLED	COMBINE
TOOTHPASTE	SKIN

Puzzle 40

```
D U M P K C U H H B Y Q U N B
O I E X X O M O E S N E S R E
K E K G N I D N A T S T U O A
Q B V E D K I E R U T L U C N
Z R M A A V R Y T R E V O P E
M O J M I Y F A S T T E M M T
P K K T W E D W I L A T F X F
M E J I F H S T G A L P D Q O
H I P P O Q E Q I B U L O W N
N N S E N D P A N O C L L N B
E P L C S L A G T R L D I I P
T Q Z I G G R D O L A J H P F
G T U R O B G C V Z C Z C X I
U R B P S U N D I A L H A R X
```

OUTSTANDING	CALCULATE
BEAN	PRICE
CULTURE	POVERTY
SENSE	WHEAT
OFTEN	WAY
SUNDIAL	SEND
BROKE	GRAPES
DEW	FILL
LABOR	HEART
LOW	HIPPO

Puzzle 41

```
D T E Y G L E E B O R D R A W
P R P N E X Q T S B N N L U K
R A A H U P X I N E V A R E E
E V V J A T E H X Y R B O R N
V E O L I S M W O N S A K X E
I L P A G E E E A O W B H C H
O O Z P V W R Y G C H E K S S
U W C K M V O D V L U L D S K
S I R I C G T R A A W P E T A
G U J M P S S H T B F A R U T
F U N D A M E N T A L A X D E
O J Z L X S E P F E F O T E I
G K Y Z A W Z T F R S M U N X
G J C T U F R E H T E G O T G
```

STUDENT
PREVIOUS
PHASE
BORN
SHARE
RAVEN
PAGE
WARDROBE
IRIS
TOGETHER

FAR
SKATE
TRAVEL
BALCONY
WHITE
YET
FUNDAMENTAL
NUTMEG
OBEY
STORE

Puzzle 42

```
S H E E T C K B B Z O A F N C
T Y P I C A L H E L D C B U R
B Y G S Z D C X E S O O L T A
Z G I D P L N K N R P O F P D
Q C I G U E L X B K D S M R L
D R A W E R L P L A N S A O E
B P D P R W D L N E A A L F X
Q U O T I E N T L G C L U I R
U T Y H Y O O A L Z N B U T U
G N J G Y T T I M I L B V J D
S M O I J W R E M M U S J D H
E V N N K C U D P A S Y C W L
B E E K B Q E B I H R C Z S F
O F F E N D Y H R A L J E S R
```

SPELL
LOOSE
DUCK
DRAWER
LIMIT
KNIGHT
SHEET
QUOTIENT
TYPICAL
TRUE

CRADLE
CAN
PLAN
NUT
BLOOM
LASSO
HERD
OFFEND
SUMMER
PROFIT

Puzzle 43

```
H D H A E B O S O C I A L X U
I N G S S A O G L Q O K Q G I
M H W S U R T X P K C B R R X
S E L B A I L E R O I X O X G
E N N A E C N A H C S P O U R
L E G A T N A V D A E U T K E
F M F A C A E U X E N N R E W
T A L K I N G F Y G D C U O F
P I L L M U P I I J I L C L F
D E B A T E B L A T N E K D R
R A L U C I T R A P G N O S E
D T A N K T U G M Y N I M S M
B I R T H K Y L T N E R R U C
I E M G R A N D N A P R B I I
```

UNCLE
PARTICULAR
RELIABLE
TRUCK
BENEFIT
SENDING
DEBATE
PLAYER
BIRTH
CURRENTLY

BOX
PILL
ADVANTAGE
HIMSELF
POUR
NOSE
TALKING
CHANCE
GRAND
SOCIAL

Puzzle 44

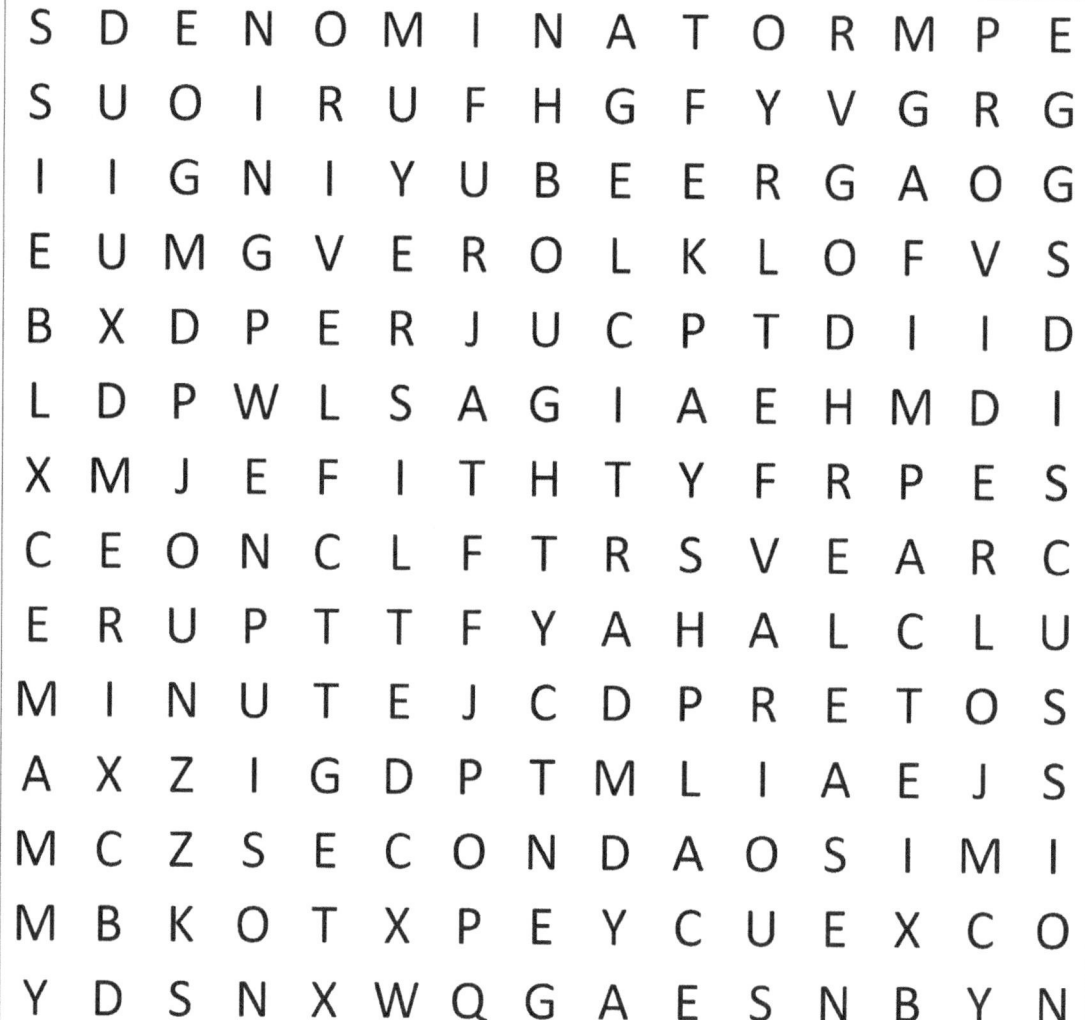

```
S D E N O M I N A T O R M P E
S U O I R U F H G F Y V G R G
I I G N I Y U B E E R G A O G
E U M G V E R O L K L O F V S
B X D P E R J U C P T D I I D
L D P W L S A G I A E H M D I
X M J E F I T H T Y F R P E S
C E O N C L F T R S V E A R C
E R U P T T F Y A H A L C L U
M I N U T E J C D P R E T O S
A X Z I G D P T M L I A E J S
M C Z S E C O N D A O S I M I
M B K O T X P E Y C U E X C O
Y D S N X W Q G A E S N B Y N
```

DISCUSSION
ARTICLE
MINUTE
PROVIDE
DENOMINATOR
VARIOUS
EXPECT
RELEASE
BOUGHT
AGREE

EGGS
IMPACT
SECOND
FOLKLORE
FURIOUS
SIMPLIFY
ERUPT
PLACE
BUYING
SUGGEST

Puzzle 45

```
P E U P H H S C R U B K H T C
V L O O P V K F T X Y B I H O
E S E T U N I M Z N P Y A G M
G Z S N A H T N A X J T N Q M
E A A O T M Z X S G A I G S E
T I E I E I M E E T R V E A N
A D R T Y V F I Y Z A A L K T
B V C C G L Q U C E B R P W A
L F E E N M T O L B E G E E R
E X D L T U R K E Y G X Q G Y
Y H W L C K N L T Y X K A M R
O Q W O E Q X Y C A R U C C A
Z Y I C I S U M D R F O Z T T
D V W I G G L E G R E B A R N
```

MEET	ANT
MINUTES	BAR
VEGETABLE	ANGEL
COLLECTION	POOL
ACCURACY	TURKEY
SCRUB	DECREASE
THAN	PLENTIFUL
EXACT	GRAPE
GRAVITY	COMMENTARY
WIGGLE	MUSIC

Puzzle 46

```
A N Y B O D Y N F N P Z P H J
B N G F I S J O A H E J O E U
C O Z F J T Z N R Q R E L A K
E I O D R G L D M A I Y I L G
I S N L I N E R V L S K C T R
J I W E P I X U I I H O E H A
R V O H M D S C B S B O M J P
L Q T K B A X I N H E B A O H
J Y E I C E U U T X O E N T A
E R M K F R M Y L T K T H P R
L H O O P M A H S F I O N D T
J V H C P R O D U C T N N G I
C O N N E C T I O N K F G N S
C L O T H E S A C H I E V E T
```

SITTING	CONNECTION
ANYBODY	LINE
PRODUCT	ACHIEVE
HOMETOWN	PERISH
CINEMA	HEALTH
RISE	SHAMPOO
POLICEMAN	GRAPH
ARTIST	FARM
READING	NOTEBOOK
VISION	CLOTHES

Puzzle 47

```
N O T Y D P H M R F J D K U G
F O D Y B M Q O Y G V O F B N
C D T W K O U A M I S S H P G
Q U L H G W C R A E T I H Z K
O N S N I M H C R A E S S B N
F Q M T C N P J T D I A R F A
L F Z N O I G Z O N U N E W H
E F E E D M P O U I Q T W Y T
X M I L R M G A R W C R O R K
I T T W B S G E I F X O L A I
B P U R S U E G R A L U F Z S
L H O N O R A B L Y F B P S L
E U L A V F A R Y Y X L N B A
J K U O X A G M Y Y C E J S W
```

FLOWERS   LAW
AFRAID   NEW
FROG   SEARCH
QUIET   WIND
CUSTOM   LARGE
HONORABLY   TIE
THANK   PURSUE
TRAM   FEED
VALUE   TROUBLE
NOTHING   FLEXIBLE

Puzzle 48

```
W  I  N  D  H  P  O  A  D  F  A  D  X  S  R
J  O  R  G  U  Z  N  Y  W  U  R  E  T  U  G
H  X  O  R  F  X  E  M  P  K  F  C  D  B  N
E  N  Q  L  I  W  O  R  L  D  H  N  K  C  K
L  O  R  R  G  T  T  F  W  F  Z  E  H  O  B
D  A  E  R  B  C  A  I  G  D  O  R  A  M  N
J  R  T  U  D  A  F  B  G  B  S  E  N  P  O
W  E  A  M  U  C  H  N  L  U  V  F  G  A  A
O  F  L  K  K  M  V  Q  N  Y  P  F  O  C  K
M  F  T  C  E  P  S  N  I  F  A  I  R  T  M
A  O  M  C  B  A  Y  S  W  O  R  D  A  K  H
N  E  E  L  L  I  P  T  I  C  A  L  N  B  O
Z  V  T  M  E  X  T  I  N  C  T  B  G  E  I
R  E  S  P  O  N  S  I  B  L  E  T  E  Z  D
```

WOMAN	ELLIPTICAL
INSPECT	ACT
OFFER	DRAKE
WORLD	SUBCOMPACT
RESPONSIBLE	IRRITABLY
RANGE	ONE
EXTINCT	HANG
MUCH	LATER
SWORD	WOOL
BREAD	DIFFERENCE

Puzzle 49

```
X B Y Y O Q B H H G A L L O P
S S D T T N H H U P O S T U A
L M D I A C L U N R G E W J G
N A I L M L E Y D H H R S L D
G R Y I O I M I R S L E E P Y
Z E A B T M P W E P Q T I M R
W V F I W B T T D R I E N Q R
W E K S K H I Q H O I M N X E
O A R N D I E X Z D T I E M B
R L G O N R D U H U R R P J P
K Q E P M T O V O C I E H Y S
I K Z S Q Y Y P B E Y P Y O A
N L Z E Y Q Z C B S O L V E R
G F O R P L Z G Y B A T C H K
```

PERIMETER
HUNDRED
ONLY
PRODUCE
DROP
REVEAL
SLEEPY
WORKING
HOBBY
NAIL

GALLOP
POST
RASPBERRY
EMPTIED
TOMATO
SOLVE
RESPONSIBILITY
CLIMB
PENNIES
BATCH

Puzzle 50

```
S W E E T S B E G I N I H B C
E C L U W X M S V C V C H Z A
M A Y H S I L B A T S E E A U
O T L E F S A J V L H Z D H S
C T N E V N I C A N D L E S E
H L F O R M A L L Y A L P A E
E E Z C R E S M A L L E M N L
D X I Q T W B P G Y U C U D E
R O A D F C C M W T Q U J C V
Q V G H L Y F D U B H U M A E
D V T N P E Y Y T C Q G O S N
C P U B O Q I E D N U Q M T F
C A L L N D W K S Y C C N L R
P V C C A S M Y X U X E J E T
```

JUMPED	CANDLE
COMES	ELEVEN
ESTABLISH	INVENT
SWEETS	MOM
CALL	ISSUE
BEGIN	FORMALLY
ROAD	SANDCASTLE
CATTLE	FELT
CELL	CAUSE
SMALL	CUCUMBER

Puzzle 51

```
Z S D I F F E R E N T B L C L
P A R R O T N E C E R A E I I
H T Y Q O F E I H K K D G N V
A E H X C D E Y O J M G A N E
T E F E Z E U Q N J R E L A S
E F F Y I T Q D I R T Y I M P
A N T E B R E A N W Y E O O I
D I S P L A C E H H G H S N C
F Y T F J T R A Q X O E T G X
S Q X W H S T T G K I S L X J
E H C J W A E T Q C N E M W K
O Y O Z P X K A Q O G L U H K
Q Z Q C O B X C A R H O O D Z
V P T O K Q B K L U M I J T Q
```

QUEEN	HEY
DIFFERENT	BADGE
CINNAMON	DIRTY
ATTACK	OIL
LEGAL	HATE
LIVES	STARTED
THEIR	JOIN
GOING	FEET
SHOCK	DISPLACE
RECENT	PARROT

Puzzle 52

```
B R Z W R O O A W G D A A M E
M Z E G O L D X R F P Q D G X
X Q V S P T C S W K E D R W A
J F A E P D E S C R I B E Y C
M U G X A E T A L E R Y P J T
O Q X J C H C E E P S D A E L
T N Y N T M C T L F K U P M Y
N B T G N O I T A U T I S P B
I V R O R R I M N M I Z W L W
Z W U D C H U Z R F L S E O Q
D E H W H S M U E S U M N Y F
R E Y T S H O R T I R R A E Q
Y M A E R C S K X D S K Y E L
R Y N L Q A G Z E W D A D D Y
```

MUSEUM
HURT
ONTO
EXACTLY
NEWSPAPER
GAVE
INTO
SCREAM
GOLD
SHORT

RELATE
DESCRIBE
RESPECT
EMPLOYEE
SITUATION
DADDY
SPEECH
MIRROR
EXTERNAL
DEAL

Puzzle 53

```
X G D A O C O D T T S T O N E
G K U V I M Y R G N A Z W Y X
R X S Y N O O L L A B U A O E
X O P X B Y S P Q P H T W M N
P Y O D Z A R G P I N P Z E U
M M T E O U O P N C H E I J M
A A H X R T O M P I T H I N B
Y S I A D H D O H T E M D J E
B J R W F O T D E R L B S E R
G O D A L R U L I A U H S J P
Y E N M Y I O E G P R E F T B
D T N E I T H S H L Y J A W M
S L E E P Y R H T Y A Q G R Q
C O M I N G J G L O B E H Z F
```

OUTDOORS
NUMBER
HEIGHT
SLEEP
BONE
GLOBE
THIN
AUTHORITY
METHOD
ANGRY

THIRD
BEING
EAR
RULE
BALLOON
COMING
PARTICIPANT
DAISY
SELDOM
STONE

Puzzle 54

```
R V P M A T S C D X E M E P H
C M J O D T F L O W M O O L E
P D W S E H C N I N I S L A H
H L J T R C J Q W S T X P N S
S A Y X I A C N X U Y R C E X
U K Z W T M F V U S N G A H S
R A Z A R E O X L Q A E Q S V
B N J H R H A L O N G L M B T
T G T G S D O R L L U P K O M
N A Q B U E O E I R J M F Z N
I R P N N S P U O R G T D C X
A O W B N U J S S G I S M S N
P O N R Y L V M P C H S V B Y
Q U I T A E K F Q R A H Q D J
```

PAINTBRUSH
TIRED
QUIT
ANYTIME
MOST
INCHES
SUNNY
CAME
HAZARDOUS
HOE

ALONG
PULL
KANGAROO
STAMP
WOLF
CONTRAST
PLANE
USED
GROUP
SOIL

Puzzle 55

```
E  V  E  R  Y  B  O  D  Y  H  W  G  O  E  M
J  Y  R  L  E  K  W  X  E  N  C  F  P  X  A
F  I  R  S  T  N  E  E  W  T  E  B  C  A  N
S  V  C  R  R  I  K  P  U  P  T  P  H  M  A
L  O  R  O  T  C  A  F  T  L  H  E  A  I  G
E  I  W  L  M  U  T  I  F  A  E  R  S  N  E
D  V  E  O  S  M  S  X  J  N  S  F  E  E  M
P  F  N  C  G  R  I  L  T  E  I  E  S  V  E
B  A  K  I  N  G  M  T  X  T  S  C  U  P  N
S  K  L  B  Z  Y  P  Z  M  S  Y  T  G  L  T
C  P  L  A  U  R  E  Z  Z  E  M  F  A  E  D
M  S  E  G  W  M  H  Z  Z  W  N  N  R  E  C
W  K  W  E  V  N  X  V  V  K  Q  T  V  F  H
U  U  U  N  J  H  M  I  S  E  R  A  B  L  E
```

PERFECT	WELL
PLANETS	EVERYBODY
COLOR	BAKING
KEPT	CHASE
EXAMINE	FIRST
FACTOR	SLED
SUGAR	MISTAKE
THESIS	MANAGEMENT
LAWN	COMMITMENT
BETWEEN	MISERABLE

Puzzle 56

```
H W I T K A P Z T W B H Y D C
A O Y K F N O P U X P S C Y R
D R L I W Y Y P R E A L I Z E
Y D U T S O M L Q C S E T A D
I J R S N N A A B N V W A N A
M S Y U O E N S O I I O R A T
X J X M Y N A T O R R T C L A
W I R E A A G I K P A R O Y I
F P Y X R T E C C A T X M S S
A A J D C U H Q A E L H E I B
T A C E S R Y H S I U L D S Q
I Z C I N E R B E X D Z U F T
X B S Z I I H S F C A T A V P
X O V Z K Y H I O X G U Y P S
```

STUDY
DEMOCRATIC
MANAGE
ADULT
REALIZE
MUST
PRINCE
BOOKCASE
ANYONE
ALL

GUY
WIRE
NATURE
CRAYONS
WORD
PLASTIC
UPON
TOWEL
DATA
ANALYSIS

Puzzle 57

```
F I N A L L Y G I T D T R I S
T T I Y A H Q N O L B R U G I
W I S E R N L K T E S A B C M
A U N T O B E C H W S N B E P
D L H S M D S Q S D X S E N L
P T S C E N A R I O N F R T Y
P R R S X I Y A W N A E U I U
M I L K O K G N V A R R N R X
K K S H A R G U G I R B A E S
H D Q G F H C L M P A P E F R
D E F E N S E M Q V T I R L W
U M V Y I V J O Z T O B P L T
S K X W Y T I N U T R O P P O
X L L A K S Q I E A E A H O B
```

BELT
MILK
MORAL
KIND
ENTIRE
OPPORTUNITY
PIANO
GOES
FINALLY
CROSS

SCENARIO
WISH
WISE
LUNAR
DEFENSE
AUNT
RUBBER
NARRATOR
TRANSFER
SIMPLY

Puzzle 58

```
R  A  T  E  U  Q  C  U  P  G  G  R  Q  Z  N
Y  A  K  D  O  E  D  U  T  L  R  G  H  Y  H
E  V  M  U  Z  I  H  Y  L  R  E  D  N  E  T
M  A  Y  T  Z  I  S  T  J  T  P  M  R  N  H
V  D  S  I  F  Z  U  O  O  Q  U  Y  M  G  V
F  B  N  T  L  L  O  N  L  I  G  R  Y  N  V
I  P  I  L  O  P  R  U  T  D  N  G  A  O  I
S  I  A  A  U  H  E  E  C  E  I  P  N  L  N
C  E  T  A  R  O  G  D  A  N  H  E  B  E  U
H  G  R  U  N  N  N  G  R  T  T  R  B  D
E  N  U  I  Z  E  A  I  L  U  G  R  E  A  T
C  O  C  U  E  I  D  H  P  B  E  O  N  N  B
K  P  K  O  L  S  R  E  V  E  R  S  E  R  K
X  S  W  I  F  E  B  B  A  S  Y  H  Z  N  P
```

SOLDIER	DANGEROUS
REVERSE	CULTURAL
CURTAINS	SPONGE
FLOUR	THING
TENDERLY	BURNED
ALTITUDE	PIECE
SERIES	WIFE
PHONE	BEHIND
RATE	GREAT
BELONG	CHECK

Puzzle 59

```
P  C  Y  T  H  G  I  E  Z  S  C  W  G  R  L
R  J  O  S  W  W  C  Q  P  M  V  O  F  R  Z
O  Y  L  N  I  A  T  R  E  C  S  U  O  P  A
P  B  P  O  S  Y  L  G  T  X  K  L  V  I  T
E  I  M  I  U  T  N  E  G  A  I  D  X  K  F
R  T  E  T  T  I  R  J  Y  L  R  A  E  N  D
T  G  Y  C  I  R  I  U  T  V  T  Z  C  Q  E
Y  C  T  E  A  O  A  I  C  H  P  Z  N  Y  T
O  O  P  R  C  J  H  N  A  T  L  I  E  F  E
W  I  W  I  C  A  C  Q  O  R  C  F  T  U  C
G  I  J  D  S  M  M  B  W  N  E  P  N  T  T
K  A  T  G  W  F  R  C  V  E  Z  W  E  U  M
B  D  T  H  G  U  A  T  I  V  I  W  S  R  Q
M  E  A  S  U  R  I  N  G  R  F  X  X  E  Q
```

TAUGHT	SENTENCE
MEASURING	WITH
PROPERTY	PEN
WOULD	EMPLOY
EIGHTY	SKIRT
FUTURE	CERTAINLY
AGENT	MAJORITY
ARE	ARMCHAIR
CONSTRUCT	DIRECTIONS
DETECT	NEARLY

Puzzle 60

```
S H C M Q G X Y I W L A E R O
L T N E S E R P C F L R C E B
G Y R O E H T O E B E D O S J
C E A O C A M E O N E R N A E
L L T Q N E T M H D H V O R C
O S T L G G A Z O E W K M E T
U R R S I R H O Y D A G I S V
D A A T E R E H T L S V C O M
N P C K R D X M E U E B U L B
S W T P O O M R M R S S T O D
U X I C F I Z Z G J U Y S U A
U K V I D M J J I Y Q O S I P
N O E I B A C Y J P F U E F V
V K G T B P T P A R E N T C J
```

DOOR	PRESENT
FOREIGN	ICE
REAL	LESS
OBJECT	PARSLEY
ATTRACTIVE	STRONG
ERASER	WHEEL
THERE	TEN
BED	LOSE
THEORY	PARENT
ECONOMIC	CLOUD

Puzzle 61

```
G V H Z H C G A U D D H V V F
X U O F A M B O R S A A V O O
S G P A L W A Y S S T M S L R
H E Y L L U F P L E H B J E T
S U M S N O W B A L L U P F U
A C T I V I T Y K E K R Q P N
R Y R U T N E C W R P G H V A
C F J T O E C H N A R E O H T
H F R G A B M Y M C A R L Y E
I U M E S Q N O R C C O I G L
P T V N E L F B S S T J D W C
W S Q D N Z Z B K M I A A L R
K T B K S P E G S W C M Y V I
G T R U D Y U P T X E B Q C C
```

FORTUNATE
STUFF
CIRCLE
PRACTICE
ALWAYS
VOLE
SNOWBALL
CRASH
HOLIDAY
ACTIVITY

BOY
HELPFULLY
FREEZE
HOP
HAMBURGER
MAJOR
SAD
CARELESS
SOMETIMES
CENTURY

Puzzle 62

```
P T K B G X C N M A N T S G K
V H T N E V E S L I W C E N K
Z W K I T L U C I F F I D J G
H L O U Q B L B I O L O G Y F
S L I P B W T I F F W H R H X
H P L L V G W A S N E A R H B
C E N I N E T I O V O T H F P
Y Y B F F T O S W P N X W D P
K Y R D H P M E B H N N U E A
R I U W P I M E O Y O Y A H I
A I D L U O C R I X R L U G R
B M Y S R S T F I V P B E U K
T E L E S C O P E G A B B A C
S X G S L S H A D E D L B L M
```

BARK
SEVENTH
BELL
FREESIA
CABBAGE
KIDS
SHADE
COULD
DIFFICULT
PAIR

BIOLOGY
NEAR
APRON
NINE
TELESCOPE
WAS
LAUGHED
WHOLE
SLIP
LYNX

Puzzle 63

```
Q R M P E A C H R E M M A H W
C H O C O L A T E S N X N K H
E H W E R J P F R F O O H O I
D I S P O S A B L E S A U S C
Y J Q I M J R B W Y I B I G H
V U G B Q S L Y Y C R R A U H
D S Q M T W E O R F P E D M Z
C S Y I J E T S A T O T A O Q
F I G H T N A A S I A U E P J
G S N I C E L P S N G P R A G
N I J W D N P G O Q X M P I S
E R G X R Z E C L T O O S N X
V C D A M G Q B G H K C O T V
O G W M D Q U E S T I O N S D
```

FOUR
DISPOSABLE
CRISIS
SPREAD
CHOCOLATE
PRISON
TASTE
ENOUGH
QUESTION
NEWS

NICE
COMPUTER
GLOSSARY
PEACH
HAMMER
FIGHT
WHICH
PAINTS
TEAPOT
HOOF

Puzzle 64

```
H P M S N A P I W O G D V M S
Z R O M O L A R G E S T C U E
C O S V I S F W U T F V A L L
R N Q A T L W K W E R H S T E
O U U S A N T N G V D M W I C
C N I K C U R T A I N G F P T
O C T E I S C Z E G O O V L I
D I O D L I O Y P V P O E Y O
I A Q W P N I N G L S D M L N
L T A X I D Y B G G E B C R L
E I K W T W V Y J V R Y R A S
W O I V L E F F O R T E E E U
J N D R U W W Y E X A E S E X
O D B G M N N O R T H J S J Y
```

EARLY
LARGEST
RESPOND
NORTH
EFFORT
ELECTION
GIVE
CRESS
PRONUNCIATION
MULTIPLY

EGG
SHREW
CROCODILE
PAN
MOSQUITO
ASKED
CURTAIN
MULTIPLICATION
GOODBYE
SONG

Puzzle 65

```
V A W I J W L A U T R I V V V
A Y D M K E K F L E S R E H V
U C N J M O R F M J M O J E P
G R W O U W Z E P U O C C J I
W E V A S S J C G B I G G I P
W S N M S H T T N N Z J W I M
A O D T Y Z U C I G I V D O L
R M S S L T S A X P A F G Y B
N E F E L E V F O U D B H A U
I W R L A M M W B P G D U A V
N H I L U C E A F P U N S E A
G E E A T C S Z N Y H C N T U
P R N T C U N D E R S T O O D
P E D M A T H A N K S O I I O
```

VIRTUAL   SEA
ACTUALLY   THANKS
FROM   FRIEND
SOMEWHERE   SAVE
UNDERSTOOD   FACT
PUPPY   TALLEST
FINGER   WARNING
COUPE   BOXING
GENTLEMAN   AFFECT
ADJUST   HERSELF

Puzzle 66

```
T D G D L S C T B N V Y D A K
O Q A H M C A R D O R K I V V
L M Z B D M B A O I W E S O D
D W T U P B I D E S G L O I F
S T U P I D N I S I L W R D T
K N O T R M A T I V A K D G H
C W O G T U E I O I U G E F R
J F S S S Y M O I D G M R A W
U I N C L Z C N H S H Y T T R
E N T H E X Z A F E A T U R E
J I E C K I L L F R Z H Y J O
P S B K A I G O D O C T O R H
N H Y W H L I H N F D O J I F
J A G J S S A O T P N C D O V
```

STRIP	TOLD
MEAN	FAT
STUPID	GOT
DOCTOR	WARM
DOES	EIGHT
DIVISION	TRADITIONAL
FINISH	CABIN
BOWL	DISORDER
AVOID	FEATURE
SHAKE	LAUGH

Puzzle 67

```
D P S B T T T F I N A L R G V
I I J M E F H P E S W B G U P
U N S X O Y G E T A R T S I C
L R S T S O C M R C O I N D Q
F U U S R B J I D M S S B E U
M T C C E I V S H P A M F L I
E O S I W P B L P W S L C I C
F F I E O K S U C V E G Z N K
Z I D N P W Z F T N T M Y E R
R L Q C Z D I E A E T J A S M
H O G E R W R S Z I L R A S H
U P D A T E V U Z P E B X L C
V E H I C L E M M Y R G N U H
G E N E R A T I O N S W I B N
```

QUICK
DISCUSS
THERMAL
FLUID
DISTRIBUTE
POWER
GUIDELINES
VEHICLE
SETTLERS
COIN

TURNIP
COST
GENERATION
SAME
FINAL
USEFUL
STRATEGY
SCIENCE
HUNGRY
UPDATE

Puzzle 68

```
X X D H F T R S T C A R C B V
R X D C U J O F X R W Q L R T
Y T F H R D O M I Y I R J I I
Q X I P T E E R H T C A N D V
X Y R Q H K C E A E R V L G F
L Z M R E A I T N K E V P E N
O L L E R T L T E C N I G H T
S H O W N E O O O O L N D Q C
W A N T A E P H S R H I G H M
A U T H O R B H A N Z V S Z F
Q U Y T I I M E T A C I D N I
B H C B V T E A M L Y Z J K M
J P U M Y X Q R E D A E L Z E
A W O I V R F D A E R L G C A
```

TRIAL
BRIDGE
HOTTER
TAKE
READ
POLICE
NIGHT
FURTHER
FIT
AUTHOR

ROCKET
WANT
INDICATE
THREE
ENEMY
SHOW
HIGH
HEARD
FIRM
LEADER

Puzzle 69

```
O  F  W  G  V  D  Y  L  P  D  J  W  Y  P  R
M  V  N  T  I  U  R  H  Z  N  Z  A  A  E  E
S  C  N  F  R  F  L  A  T  I  P  A  C  T  C
B  R  E  A  K  L  F  H  M  E  H  Y  M  S  R
R  G  C  N  L  E  W  D  N  A  I  K  D  N  E
U  N  D  E  R  S  T  A  N  D  T  T  R  Y  A
M  U  A  R  D  T  D  V  E  V  R  I  G  C  T
L  O  O  A  K  I  T  P  E  W  E  H  C  O  I
N  Y  U  N  S  L  G  X  Y  C  S  E  S  N  O
Q  N  I  T  C  W  Q  X  Y  E  N  A  M  S  N
F  O  X  M  H  E  S  O  H  T  I  V  S  I  A
T  R  I  A  N  G  L  E  Z  J  J  Y  N  D  L
O  P  I  N  I  O  N  J  M  A  K  E  B  E  T
I  N  D  E  P  E  N  D  E  N  T  X  E  R  W
```

MAKE	TRIANGLE
OPINION	BREAK
UNDERSTAND	PETS
RECREATIONAL	INSERT
DRAMATIC	THOSE
ONCE	INDEPENDENT
CONSIDER	TRY
MOUTH	CAPITAL
ARENA	HEAVY
YOUNG	ITSELF

Puzzle 70

```
G U W N Y J P O F N E P X T X
L G L E D U L C N I V R E R I
D Q W X M G Y X Y Q E E Y E V
E S L T W O L B C M W V D Q B
N S T W C J H R N Q B E Z I O
Z G S N O U N M A N Y N R W T
P Q A E N Q X Q Z L D T P E T
S R E H N R X A P A I N R D L
E E L C A T M J T O T A O D E
H R A N D L I A G F S H G I H
S N E T T I M A W Y H P R N F
I S N G B Y M P L G D E A G F
D D I S A P P E A R V L M Z B
U Q K S A F E L Y P P E P P K
```

MANY
INCLUDE
BLOW
BOTTLE
PREVENT
LEAST
TIDY
WEDDING
NEXT
DISHES

NOUN
MITTENS
ELEPHANT
SEAT
HERS
SAFELY
DISAPPEAR
ESSENTIAL
PROGRAM
HOME

Puzzle 71

```
D J M X V C Z W Q E N Z P N N
U N K S V E O G Y H S C S Z G
S C Q S K X D N A E L C P O R
T A B C U P A I F W B A V U E
Y R O T S A E H N E S O H W L
W E M G V N I T S S S G O H E
P F H E N D N Y W R K S P G A
O U A R N N R N E U G M I U V
S L D N O T Z A I O O L S O E
T L N O R V I D M C N X E H N
P Y T L I U G O C Z U R K T S
O X B B D E S F N W E A S E L
N O I T A L U P O P E E J I J
E V I T U C E X E X V Y O I R
```

CAREFULLY
DUSTY
WEASEL
MENTION
THOUGH
LEAVE
COURSE
EXPAND
POPULATION
CONFESSION

YEAR
FOX
HAD
ANYTHING
CLEAN
EXECUTIVE
POSTPONE
WHOSE
GUILTY
STORY

Puzzle 72

```
L X T K S H R R U I E D T B H
K D W R P Q E Y C G M I R E H
W A N E E C T M Y N M S A A J
K E E P L F U C D O L T G F O
X G V V L S R A R R Z A I Q E
K A I T I Y N I D E T N C Y K
R C G W N A E Z M U N T O T J
L V X G G I L L S E L E C T
P B Y W F P B S L I V Y V Y Y
K N G V U I A T D O E V O Q R
I C N S U O I R U C W F E Y K
G I R L S A R O E L H G I B E
T S A H O I A P U M X I L N W
Y C B O Z O V S S Y A H A I K
```

BARN	TRAGIC
SPELLING	CURIOUS
SPORTS	HER
KEEP	DISTANT
IGNORE	LIE
VARIABLE	YELLOW
KNIFE	GIRLS
EVENT	GIVEN
CAGE	RETURN
BIG	SELECT

Puzzle 73

```
D U P L I C A T E S U O H D L
T E N T T T R D J C X Y Z U W
Q R Y X M E E T I N G K T C Q
D E C I D E A R N L H V A K C
J C U F S D V O U D I H C L A
Q I N V H K Y S E W F P A I C
N F Q W C R D C E E E D P N O
K F E S N O W D R O P S A G N
J O G T X J J Z E Y A N B I C
T R A Y F D C D V E J R L W E
R B T H J G H D I P A A E Q I
L O S S P Z E Q R H U R Y Y V
A Z F V E C R E I F S F T W E
E D L A A B W E L C O M E H B
```

DUPLICATE
BEST
EARTH
FIERCE
OFFICER
TENT
CONCEIVE
MEETING
FIX
DUCKLING

LIP
HOUSE
STAGE
LOSS
SNOWDROPS
DECIDE
WELCOME
SORT
RIVER
CAPABLE

Puzzle 74

```
M A R S B R E K W K E Y H V N
N C U H E S U F N O C T N A D
O C H D L O L R E P A I R P C
I O T R O V P V J Q N T U B M
S U G E W F C O E A Y N K D S
I N X Y B S L O S X D E W E I
V T W Z L S O I Q S D D D C Z
E N I M S H T F P O E I Q E E
L W P Z Z I I O T P T S M I U
E R Y N T B M O D L E W S V D
T O T A L X E L O V E R F E Q
K A R A U T O M A T I C E W V
W J O P R E T T I E R Q Z J C
T X F P H N S A N D W I C H E
```

TELEVISION
TEDDY
MINE
CONFUSE
ACCOUNT
AUTOMATIC
TIME
DECEIVE
IDENTITY
FORTY

BELOW
PRETTIER
LOVE
POSSESS
REPAIR
TOTAL
SIZE
FLIPPER
SOFT
SANDWICH

Puzzle 75

```
G W L M O I O Y V I S D R J F
X X E Z K W Q C L G N S M S A
I R H F L A T I P S O H F W M
C C O V C M A R K N I R D T O
S P E E D R A E P O L R I G U
Q P V X J U E W U I L R T E S
W N I M B M O A E T I U Q L Y
L T S N H E N R T P M D K E F
U C T P E G G N P E D N G C O
G I I B S A K J O C Z G G T R
P Y M P L E P W Q X V G T R C
K Z I E A Q Z P O E L P M I S
G Q D D F A E L L J R E N C I
P E N C I L H D Z E B P W U L
```

TIMID
SPEED
MARK
CREATE
HOSPITAL
FALSE
QUITE
PENCIL
ELECTRIC
GIRL

PEAR
PINEAPPLE
EXCEPTION
MILLION
HEN
DRINK
LEAF
FAMOUS
PROUD
SIMPLE

Puzzle 76

```
A N B Z Y H E H U N R D E S K
L D C F L E S R I C N U V Q G
O O K I U G N I T A E T S U V
U D E G R E E A I R U Y I I I
D E I F S I T A S L I N D R N
A J I U S G C A R E F N E R T
M X C J K H E X G E W W G E E
N H M O Q S M L T D T F A L N
E J Z V P I K L E R N S F B D
D N I M W F W I Q E A V M J P
S B J N F L L W K A L K X A O
B Z T O W T D G V M P K A N H
C Y H T Y R R A M E C B K G B
X Y O K B K T E A C H E R B Z
```

EATING
HAMSTER
MIND
DUTY
TENSE
TEACHER
CAR
ELK
DREAM
INTEND

ALOUD
SQUIRREL
SKI
SATISFIED
MARRY
PLANT
SIDE
DEGREE
ENJOY
FISH

Puzzle 77

```
L F Z C E L E V Y C N L L B P
J I A G O Y S K C B W P O R R
X H K N G X B L E N D L V J O
T W J E N Z R B L C P N I Z H
W E D S D H A G Q G R S N L I
S C M A R R I A G E J A G K B
K G V O L U N T A R Y E C Q I
P I N T E R V I E W B R E S T
V O I C E P A I N T I N G S S
F L O W E R E Z I M G U W X P
A H A P P E N G A V O F B A A
K R N F Z N A Y R D N U A L C
G E E Q H E H E T H G I L O E
G D N A S U O H T V N O N E H
```

LIGHT	BLEND
HAPPEN	NONE
LIKED	MARRIAGE
PAINTING	INTERVIEW
VOLUNTARY	FLOWER
LOVING	AREA
PROHIBIT	VOICE
THOUSAND	TRAIN
FUN	SPACE
LAUNDRY	SCARCE

Puzzle 78

```
F  R  U  I  T  Z  S  R  V  P  L  U  U  C  E
P  X  O  Z  M  V  O  L  E  R  O  Z  U  U  X
C  X  X  Z  B  R  L  E  V  I  T  A  N  R  E
V  O  D  J  X  S  U  W  I  Z  B  A  Q  R  R
Z  D  M  X  O  O  T  G  O  E  C  I  R  A  T
R  G  G  M  K  L  I  L  E  V  L  O  V  N  I
A  T  H  E  O  O  O  J  A  E  D  W  I  T  M
N  O  V  A  G  N  N  D  G  W  S  G  K  N  E
D  I  A  S  E  H  W  R  B  W  Y  X  G  I  D
O  W  O  J  M  S  O  Q  I  L  O  E  R  A  I
M  C  O  M  B  I  N  A  T  I  O  N  R  P  C
N  P  W  O  A  V  E  R  A  G  E  Z  U  V  I
B  E  A  T  B  V  C  X  R  A  D  I  O  U  N
Y  T  S  S  G  J  X  E  J  M  D  I  P  M  E
```

AVERAGE	NATIVE
BEAT	MEDICINE
RADIO	PRIZE
SOLUTION	SAID
INVOLVE	THE
RANDOM	COMBINATION
EXERT	CURRANT
RICE	FRUIT
COMMON	SOLO
LAWYER	PAINT

Puzzle 79

```
K P K Y O B J Q T I B B A R S
C V T N I N P M U H T J P V F
U Y K C Y B P X U A P R P R M
R E L I G I O U S F I N E A D
M R E M I N D U X D E L A P Z
O U B V F H H N I I S L R I W
B Q S N O T I C E C A Y L D G
S B U H A G R E E M E N T L I
E J N E R I N J V M L E T Y F
R F U L L O O U O E B T I A T
V T L R F O O S R M U S G Z P
I E N I Z A N M P O R I E Q W
N U Q F Z V W O M R S L R X C
G A Z L K U N M I Y T B E N W
```

MEMORY	OBSERVING
QUAIL	RABBIT
IMPROVE	LISTEN
FULL	THUMP
REMIND	MUSHROOM
NOTICE	RAPIDLY
EASE	RELIGIOUS
APPEAR	FELL
AGREEMENT	BURST
GIFT	TIGER

Puzzle 80

```
W  D  Q  L  U  Z  D  A  O  T  F  B  D  U  L
A  O  B  F  J  J  Q  N  C  P  R  V  R  B  V
T  F  S  W  G  D  Q  X  R  W  E  L  I  M  S
E  C  M  E  K  X  H  I  I  M  A  E  R  C  F
R  T  I  K  M  V  M  O  S  T  L  D  R  E  X
M  T  Q  E  W  P  P  U  U  V  I  E  B  H  K
E  P  R  S  X  S  T  S  C  K  T  S  U  J  M
L  O  X  E  J  B  R  Y  I  B  Y  O  A  L  J
O  D  G  K  E  S  T  O  V  E  W  L  P  C  M
N  A  O  E  C  D  E  K  C  E  H  C  F  A  M
Z  Y  N  I  T  M  R  S  C  I  S  S  O  R  S
P  O  V  N  M  U  T  U  A  S  I  G  H  T  Z
Y  U  N  V  P  H  K  A  U  C  J  C  A  V  V
C  R  A  B  P  T  N  I  J  Z  L  E  X  D  T
```

ADOPT	SCISSORS
WATERMELON	SMILE
REALITY	CRAB
ANXIOUS	YOU
TINY	CLOSE
TOAD	SIGHT
TREE	CHECKED
CREAM	JUST
CASE	AUTUMN
EMPTY	STOVE

Puzzle 81

```
I  R  R  E  G  U  L  A  R  J  C  T  S  E  L
U  T  F  Z  B  V  N  D  I  U  O  R  E  S  W
A  S  E  G  O  Z  A  U  A  M  N  A  C  N  O
N  J  E  O  K  T  L  N  H  P  T  I  R  R  R
D  T  A  X  R  U  T  A  C  W  R  N  E  U  K
E  S  N  L  I  C  H  Z  Q  W  I  I  T  Y  E
T  M  M  W  Z  Y  O  T  T  Q  B  N  A  Z  R
C  U  E  A  M  F  U  C  U  I  U  G  R  Y  T
E  Z  I  R  S  R  G  A  O  G  T  M  Y  T  H
P  A  K  O  G  K  H  P  H  Y  E  B  O  E  G
X  B  Z  N  S  E  L  M  T  C  A  R  R  Y  U
E  E  P  I  W  E  N  O  I  G  E  R  P  J  O
X  O  R  M  J  P  T  C  W  B  R  A  N  C  H
U  S  F  M  M  B  W  M  Y  A  H  Y  P  C  T
```

COMPACT	EMERGENCY
MASK	SECRETARY
TRAINING	TAX
CONTRIBUTE	USE
WITHOUT	EXPECTED
MINOR	CHAIR
THOUGHT	CARRY
WORKER	REGION
BRANCH	IRREGULAR
ALTHOUGH	JUMP

Puzzle 82

```
A L U M R O F J V C C O E I M
T H R E C O M M E N D F F A R
R P E R U T I N R U F S L Z L
E W U A Q V I E L F D P C P M
A A Q W D N O Y E B Q O X Y E
T N I W P X E H H E T A L B B
M T T G R T R V U U S K P G A
E S N C E I E L U D E H C S S
N Y A M V E N F U C G X Q Z E
T H N L E P W K W P N O R C B
T L O D W O O U L D A J T C A
L Q L W O R I E N E R U D E L
I J Y D H T E A C H T J S D L
D R A G O N F L Y B S R G F T
```

TEACH
WRINKLE
RECOMMEND
SCHEDULE
BEYOND
DRAGONFLY
ANTIQUE
TREATMENT
FORMULA
FURNITURE

LATE
HOW
RUDE
BASEBALL
AHEAD
WANTS
ROW
HOWEVER
OWNER
STRANGEST

Puzzle 83

```
P H Y S I C A L I J I Q T J A
I L D X S H I C I G V X X S R
H A J F S I M I L A R H D P V
D E M A N D X A V E R I G I D
D C B N K P I M A G I N E H T
O I S L A N D H I Z Y S M C Z
M J B T C E J E R B U F U J Y
I Y J Z N C A L I M E Z K M S
N G F F L L I D S O C H P G E
A E L I G I B L E N A U A R N
N S N M L Y Z Y V E V B A V T
T I A W E A M X A Y E O B L E
L A T E L Y U E N A T U R A L
M A R K E R P Q Y N C P I W S
```

PHYSICAL
MONEY
MARKER
LATELY
ELIGIBLE
ISLAND
BEHAVE
DEMAND
CAVE
NATURAL

WAIT
QUALIFY
SIMILAR
IMAGINE
REJECT
RIGID
HELD
SENT
DOMINANT
CHIPS

Puzzle 84

```
J  W  E  V  S  A  W  F  I  P  H  T  B  Q  B
W  G  R  I  Z  C  P  E  K  Z  K  I  W  W  R
A  U  D  I  T  I  O  N  N  E  T  T  O  R  O
P  F  Z  F  P  J  O  G  Y  K  F  A  G  J  T
P  E  R  M  I  S  S  I  O  N  T  R  X  C  H
M  N  O  N  G  R  O  W  T  H  S  G  H  H  E
C  A  I  E  N  U  K  J  O  B  A  H  F  Z  R
P  H  T  J  I  J  C  O  N  D  I  T  I  O  N
I  O  S  T  R  J  M  J  U  Y  B  Q  C  F  F
L  L  P  I  E  C  N  A  R  T  N  E  Y  L  L
O  D  M  X  X  R  E  T  H  G  U  A  D  U  Y
T  T  J  D  A  C  C  O  R  D  I  N  G  F  I
S  N  O  W  M  A  N  J  Y  S  C  G  E  F  N
D  E  L  I  C  I  O  U  S  U  V  O  Q  Y  G
```

ENTRANCE	RING
DAUGHTER	AUDITION
MATTER	DELICIOUS
PERMISSION	PILOT
SNOWMAN	CONDITION
FLUFFY	BROTHER
KNEW	RUN
ACCORDING	SAW
GROWTH	ROTTEN
FLYING	HOLD

Puzzle 85

```
A Y L S O D A H M K F T E S K
O N H T Y H P A R O J L P Y P
T G C Y O P O V P D C K A L A
P C A I V F W E N Z F K U T R
E O O A E O T H E R L S S S T
V M R R R N X Y Q Y I K E E Y
B K P J E J T P E C C A W V B
T I P T H D S I T O C T P M Q
E H A J S C E U G R A V G V T
G C Y G M O T M O M O M E N T
R V Q T E W L A U U D Q V W I
O N S R N A O J C X T O D J E
F A S T H R A A L G S H I N E
D N Q U W D I P U C U W Y M P
```

PARTY	FORGET
ACCEPT	SHINE
PAUSE	OTHER
COWARD	MEN
ANCIENT	OUT
MOCK	HAVE
MOMENT	HERE
TEST	FAST
ARGUE	CUPID
APPROACH	SODA

Puzzle 86

```
P E S U R F A C E T S T H O T
O R I G T L P K P M P N B Y R
F T O T A S C E N D O A T T E
N A Z C H T O M Y F L T Z N M
O X I Y E E R R E S E R V E E
C K C L L S R A T P V O M L N
G J S L P L S E H A E P P P D
X R W A U E I W E N D M I A O
K N F E O N J Z R C G I N Z U
V H F R C S I A E E N J B M S
F A L L V W R A F S E E L Q G
E G R S U F I K O T S C M T S
Q P Q S G C C W R O X D F W J
V E A M A F H J E R T W C U Z
```

MOTH	DEVELOP
ANCESTOR	PIN
RESERVE	THEREFORE
RICH	TREMENDOUS
COUPLE	REALLY
SURFACE	FAIL
ASCEND	FALL
PLENTY	EITHER
ELSE	IMPORTANT
WEAR	PROCESS

Puzzle 87

```
H  F  D  D  S  M  N  D  X  Q  A  D  M  I  T
P  Q  B  B  E  K  A  L  T  U  I  T  V  M  P
C  T  W  T  A  L  F  S  W  I  H  Y  E  I  R
F  L  Y  Q  S  O  L  J  L  C  C  I  T  Y  W
O  J  A  Z  O  U  Y  U  L  K  A  X  A  E  R
U  S  R  R  N  E  W  V  P  L  P  U  V  F  E
R  I  G  N  I  W  O  O  D  Y  I  N  I  U  H
T  C  A  P  I  F  V  N  F  M  A  Z  R  Y  T
H  B  M  S  Q  X  Y  Z  U  B  O  T  P  E  E
T  Z  E  S  I  M  O  R  P  P  M  B  S  S  H
E  L  A  N  E  M  O  N  E  W  I  N  D  O  W
D  D  S  X  D  I  V  I  N  G  S  H  A  A  Y
G  B  H  J  L  C  R  E  Q  U  I  R  E  Y  U
E  L  I  B  O  M  O  T  U  A  L  F  U  P  L
```

STAY
ADMIT
WINDOW
AUTOMOBILE
REQUIRE
QUICKLY
GAME
WHETHER
PROMISE
EDGE

LAKE
CITY
SEASON
CLARIFY
ANEMONE
WOOD
PRIVATE
DIVING
FOURTH
PULLED

Puzzle 88

```
S L S Q T E F L L N C E G N H
W O R R Y C X M G N O P A E W
M X D G S O T R I C W N A G T
A O J E M N M J S H O R E A E
R W I P K O L U H I E Z M T C
R B H S C M T V D F S N O I H
A K P R T Y P C E D E O C V N
N W F I X U L Y T E Y I T E O
G A D A E Q R T N N G T U L L
E F C T T G E E A G B C O T O
N O I S E B T S W I H A Q I G
W M E X T E F F L N Q E B T Y
X M W E D K A T C E I R N Y R
D M L E R S T R A W B E R R Y
```

AFTER
BABY
WEAPON
REACTION
WORRY
TECHNOLOGY
NOISE
TITLE
NEGATIVE
TEXT

ENGINE
MOISTURE
STAIRS
SHORE
ECONOMY
WANTED
MUDDY
OUTCOME
STRAWBERRY
ARRANGE

Puzzle 89

```
K Y I Y U T G C I W R U O H D
E L E M E N T A R Y E Z H B E
Z F E N C E W T E H P B O A S
I E M E R G E E L T R M C O I
N N T K A E W D L C E O C Z G
G I G A X O I E E C S N I V N
O F Z T R E E P S H E T N P I
C Q B X O T O I Q U N H M L A
E Q P D E B S T U R T P H H T
R Y T H U S Y N W C E J H D N
W R I T E R L E O H S K J M U
L L D E S U L C G M R K M L O
D Q R M J C T U T A E O B H M
Z D I M Q F E F E A A D N L L
```

ELEMENTARY	CENTIPEDE
MONTH	CHURCH
RECOGNIZE	WEAK
THUS	EMERGE
TAKEN	ZOO
DESIGN	DEMONSTRATE
REPRESENT	MOUNTAIN
WRITER	FINE
BYE	HOUR
SELLER	FENCE

Puzzle 90

```
E X T R E M E L Y M L W E W B
R A I N F A L L D D F W D K O
R H I N O Z X G U E O S I T B
M C O M P A R E N C R W T N J
W E U E F S P E C I F I C E G
O A D W M I S T I O I L H M N
B S T I B K I U W H X K D I R
N H K C U L T T T C D U S R E
I O W S H M E I S O L A T E D
A P M D O E D T A B U D R P O
R I G G O Z D S V N H E Z X M
S N S R W E L B I S S O P E V
S O R V E Q G U A B W Q Q B G
V R F R D A U S W X C Q L Z V
```

COMPARE
EXPERIMENT
MEDIUM
RAINFALL
POSSIBLE
RHINO
SPECIFIC
SUBSTITUTE
FOR
EXTREMELY

ISOLATED
WATCHED
RAINBOW
MODERN
SIT
SKIING
SHOP
LUCK
SITE
CHOICE

Puzzle 91

```
S  S  N  K  W  Z  R  I  H  L  I  A  T  E  D
D  O  G  T  B  B  T  E  G  A  U  G  N  A  L
I  H  M  H  C  I  I  W  B  N  S  A  I  T  R
S  V  O  E  S  O  O  H  C  D  I  O  D  R  C
C  O  K  E  T  O  Y  O  C  P  L  X  H  U  B
O  W  M  T  G  H  G  U  O  T  K  I  X  S  V
V  O  T  N  E  B  I  A  G  R  Y  F  X  T  X
E  S  U  A  C  E  B  N  C  L  V  V  J  V  U
R  V  S  T  H  J  W  P  G  T  A  H  K  A  N
Y  N  F  S  O  C  C  U  P  Y  I  S  T  L  T
W  E  D  N  U  R  K  U  W  D  A  V  S  M  I
L  A  B  I  T  E  D  I  W  A  N  G  E  O  L
D  P  E  J  R  G  H  S  A  L  T  C  P  S  T
M  P  Q  A  M  H  I  A  I  W  N  L  F  T  M
```

GLASS	LADY
COYOTE	ALMOST
OCCUPY	LAND
LANGUAGE	DETAIL
BITE	WIDE
TRUST	ACTIVE
INSTANT	CHOOSE
SOMETHING	TOUGH
UNTIL	BECAUSE
DISCOVERY	SILKY

Puzzle 92

```
G X A Z K K R A L U P O P U D
U P W A I L Y T Z C Q B W A J
X B Y X F I L T C W S A I Z J
F O C U S R E E S V P L O T T
K I T C H E N N T Y B S H E U
H T G V R D A T B L S O M N L
K T I B I W M I N E I T D T I
X E L P M O C O E V S M E H P
X L J V C P L N E O B F C M R
G C H X R E C E D L J O O T O
H C F A L N L Z N S U M A N O
S T A T E M E N T C P M M T M
W H E R E V I T U C E S N O C
P E R S O N A L L Y U L A B F
```

KITCHEN
POPULAR
VIOLENCE
TENTH
TELL
FOCUS
CONSECUTIVE
POWDER
COMPLEX
LOVELY

TULIP
NEED
PERSONALLY
MAN
STATEMENT
SYSTEM
WHERE
ALSO
SUM
ATTENTION

Puzzle 93

```
F Y K I W T M J D L E A V E S
P A W R A P G C A M W M Y S H
E R V N W K G K N S Y Y V I U
G R E O A U N G G B Z Z Q F V
C S S S R W T S E R O F C S T
O P L O S A Y B R P O U R E D
A E D S L U B M A T E R I A L
L A B F V F R L O O C M D R I
R S K A L R C E E P R L I A V
T E S P R O C E E D U A S I I
B S F J G X T H O H O Z E N C
A R N O O P G E K T S Y A W E
N I I L R E G A E A E F S T N
F E K A P M G B A J R F E R E
```

REFORM
FAVORABLE
POURED
RESOURCE
LEAVES
RAIN
FOREST
PEAS
MATERIAL
DISEASE

LAZY
CIVIL
PRESSURE
DANGER
COAL
COOL
SET
WRAP
EAGER
PROCEED

Puzzle 94

```
H L O U Q N R E F E R I D E K
H U N P S Y R E S I M Z I J G
Q P Y M M U M G C R N P N P S
H E L N G G F O D E M U N C K
V S R W D H D L U R I N E Y A
T R A N S P A R E N T V R P T
E H E W L A O W T S N T E S I
F L L O A T W Z Q C Y G T U N
B Q C T C O L L E G E M R D G
C O O P E R A T E N G U A D A
P R E P A R E K U I V V D E B
R E U S A B L E D K W X E N S
N U M E R O U S T Y K H S L N
S T A N D A R D S J V Q S Y O
```

MISERY
SUDDENLY
SKATING
RECEIVE
KING
STANDARD
CLEARLY
COLLEGE
DINNER
TOWN

REUSABLE
COOPERATE
MUMMY
WASH
TRANSPARENT
NUMEROUS
PREPARE
MYSELF
REFER
TRADE

Puzzle 95

```
R A U Q P R E S E R V E D G S
F T J D E T A C I L P M O C I
G I E T A R T N E C N O C C G
L T I U T Q O L I X A D O E N
R X B G P V H Q A J N E N D I
Q T G A I A S G L R W S M U F
N R T R E T S A S I D T G C I
W E C J Z T L E A D P R R A C
B Y A M C E V O M E R U N T A
Q M D T S N C A Q Y E O P I N
T F Z O Y D Y C O O T C K O T
N E G O T I A T E K S T L N L
S U R P R I S E I U I L B Z W
T O O T H B R U S H S Q E O B
```

DISASTER
PRESERVE
PUPIL
SISTER
REMOVE
ATTEND
COURT
NEAT
EDUCATION
SIGNIFICANT

LEAD
CONCENTRATE
MODEST
NEGOTIATE
SAY
TEA
COMPLICATED
SURPRISE
SHOT
TOOTHBRUSH

Puzzle 96

```
H C E O Q C P Y E S C A P E R
Y O S O E F Y A T Y L L O H D
V M A R Q T A K R L G U Q I E
I P A R L O Z O D E L G A E C
I A D E K O W W I C N O I T I
S N L M T C L A A I O T Y H M
D I K R B S C L W N W S S S A
H O M A J Q A K Q F D I E F L
Z N V F C C Q I Y J U S I K Z
N O B L E T V N M F I S T T P
P E T R O L O G R C B A R Z T
Y F M O H W V R U S O R A O P
F D P X X A Y G I D A K P M Y
T U Y Y P S P E C I A L F K H
```

NOBLE	NICELY
OKAY	WALKING
PARTIES	KID
FARMER	HOLLY
ASSIST	ACTOR
ESCAPE	TOO
TEAM	WOKE
PETROL	SPECIAL
DECIMAL	PARENTS
COMPANION	EAGLE

Puzzle 97

```
A E O L D E G G U H W N D W P
Q J P M O R N I N G A Y O U U
G J P O J U I S L I G Y L U B
K L O O D T A K J S O M L H L
R Y S R P P M I M H N W L I I
I F I N R A M L R F B I U C C
W B T T W C F L D O A B F H A
J L E H F S A F E K A N S I T
W M I O X E S E L L U M P L I
H E A L C B X J X B D E Y D O
Q L C Y A F J I V O V N K R N
O U T M X C H V S F Y T A E A
Q D A P P O I N T T P A X N Q
E X P E D I T I O N U L D S V
```

MAIN
SNAKE
PUBLICATION
DOLL
CHILDREN
LILAC
APPOINT
EXIST
MORNING
ROOM

WAGON
HUGGED
EXPEDITION
MAY
SAFE
OPPOSITE
SKILL
SELL
CAPTURE
MENTAL

Puzzle 98

```
R P K X D I Q E S P A L L O C
R E A E U L T H V F D N I F P
E A S R M J S O E E H O V X Y
M Y E E D W E C M M R W E F P
A X E H A O U K A T Y Y X W H
I H R G O R N E U T N I O P F
N I T D I C C Y Q E W Y I N L
S G I A P E M H L U X U R Y E
U H M Z U R K E T T L E D L S
R E M X Y A K O L I K U S S R
V S U V H C T T W G V X L A U
I T S U P S J V A W V H S I O
V Y Y U L G Z D L S W I P L Y
E J F B Z F J P K V X C F C F
```

TREES
HIGHEST
REMAIN
RESEARCH
HOCKEY
SUMMIT
FEW
WALK
LIVE
EVERYONE

SCARECROW
SAIL
PARDON
SURVIVE
WON
LUXURY
KETTLE
FIND
COLLAPSE
YOURSELF

Puzzle 99

```
G Q Z V C Y K T A H F L B W I
F G Y Q D O L S X J S V R J N
W B R L R N N A T N M L G D S
H U R A E G G F G U V Q N N I
A B O U S D A K E E F F O C D
L Z L D A S N A O R O O P F E
E E X A B R D E X E E I G G U
N P Y R E V E R E C D N F I M
Y Y I G H S R B V Y I K C I Q
C O N T A C T M I L L E H E W
F U O J B C H O G P S A K U J
S W I M M I N G R Y M R X A M
G Y R R E B E S O O G N F N H
R E L A T I O N F E P E A S H
```

BREAKFAST
CONTACT
LORRY
GANDER
MILL
RELATION
SLIDE
SWIMMING
EARN
CONFERENCE

COFFEE
INSIDE
EVERY
GRADUAL
HAT
POOR
WHALE
FORGIVE
GOOSEBERRY
GRASS

Puzzle 100

```
O V S Z Z T F U T A E V A F T
L F E A T A O M G R R S D J H
I Q D X O K O B H G M H P N K
S S I Q I I L R O T C E R I D
T S S N U N O E T C B I U P A
D D E F Q G F L W H F V M T D
D A B G I V C L X O G O O M S
D N U D R A C A D R R M J X A
P O I N T E D A C E D C S W C
Z B P S Q T Y L B V Q H B D T
S U I T A B L E T A T I S E H
T H I N K I N G G R P Q A W L
X P R E C I O U S B H E O B L
M J A W S F N U T R I E N T S
```

BESIDES	DIRECTOR
UMBRELLA	CARD
CHORE	TAKING
FOOL	GREY
HESITATE	LIST
MOVIE	CROW
BRAVE	SUITABLE
NUTRIENTS	THINKING
PRECIOUS	FEAT
POINT	DECADE

Puzzle 1

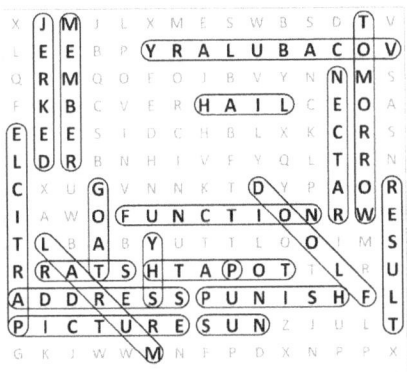

Puzzle 2

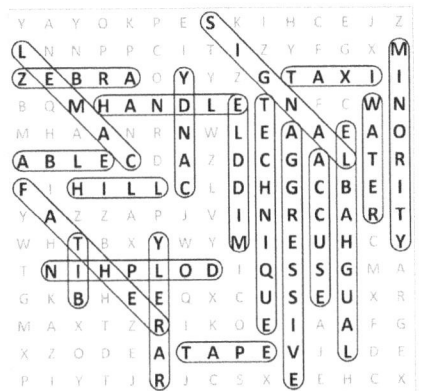

Puzzle 3

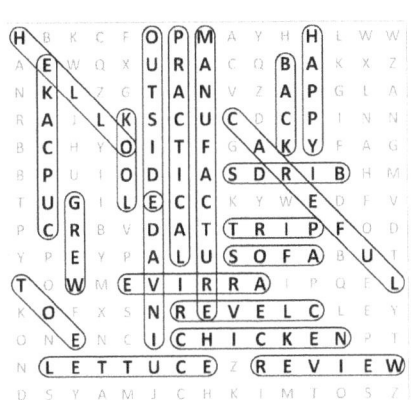

Puzzle 4

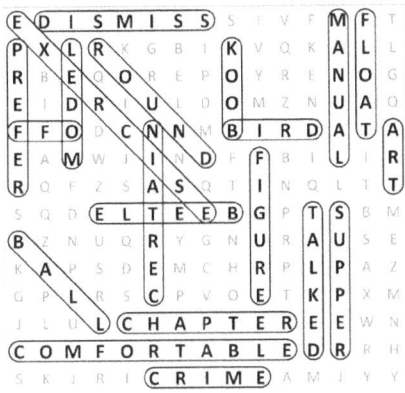

Puzzle 5

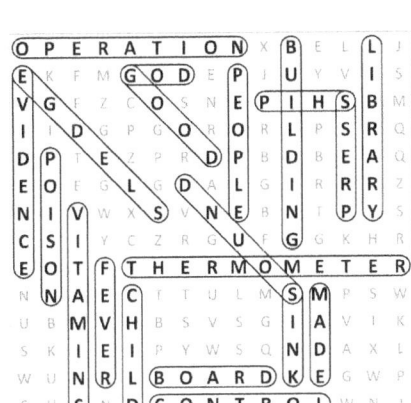

Puzzle 6

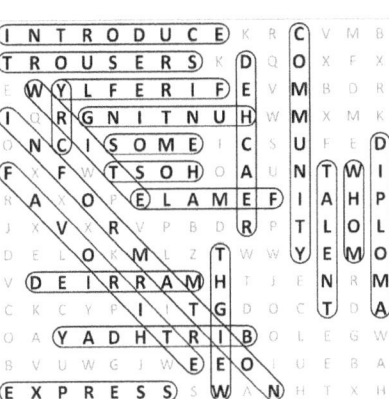

Puzzle 7

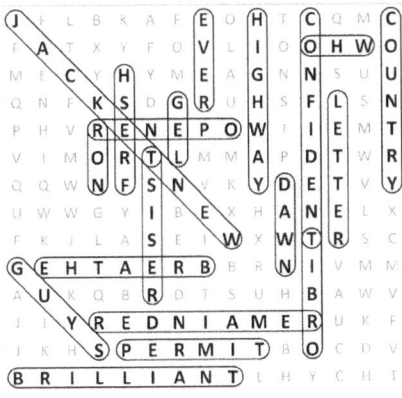

Puzzle 8

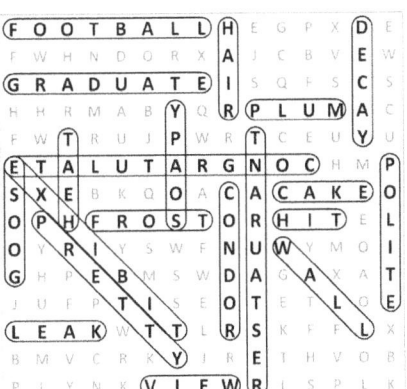

Puzzle 9

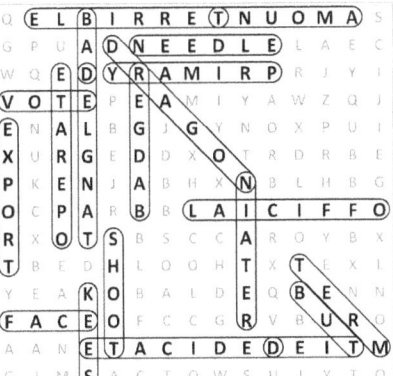

Puzzle 10

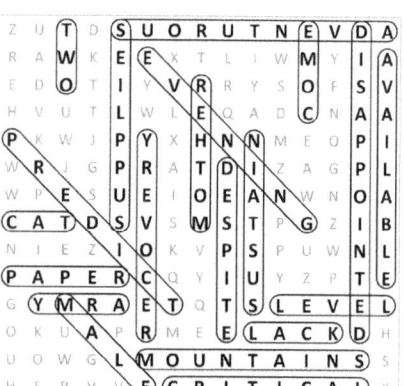

Puzzle 11

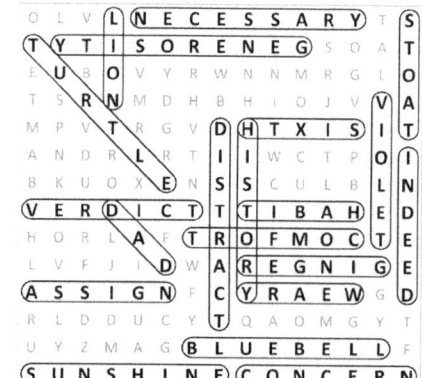

Puzzle 12

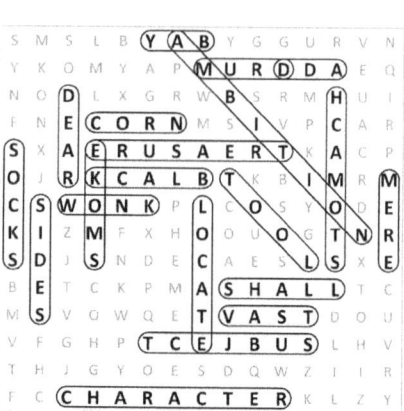

Puzzle 13

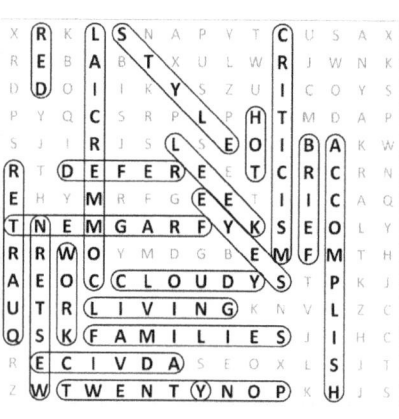

Puzzle 14

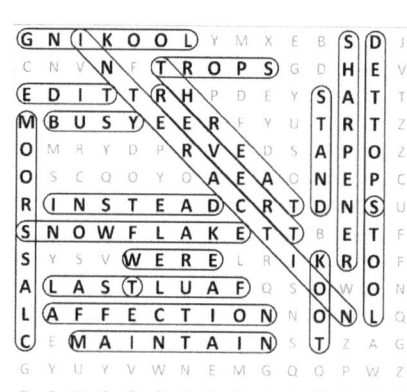

Puzzle 15

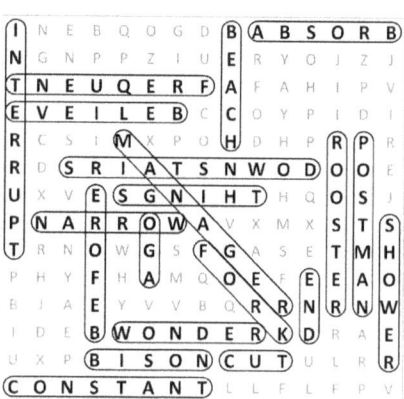

Puzzle 16

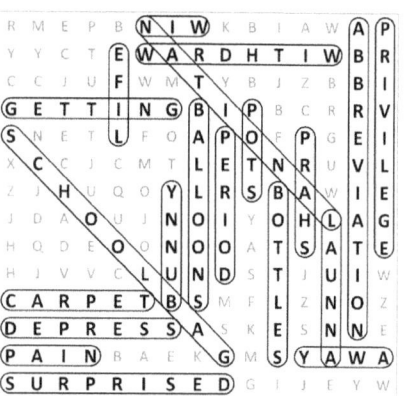

Puzzle 17

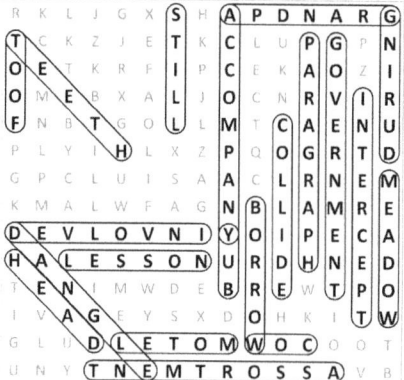

Puzzle 18

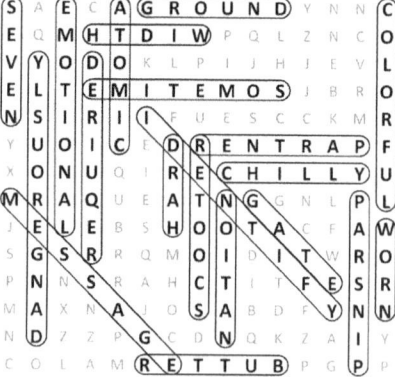

Puzzle 19

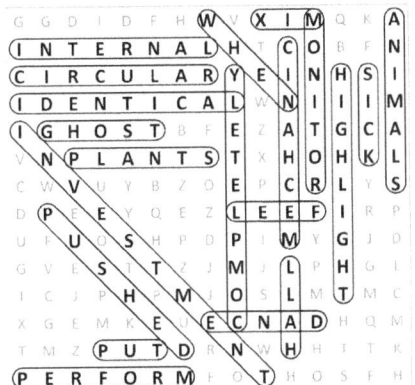

Puzzle 20

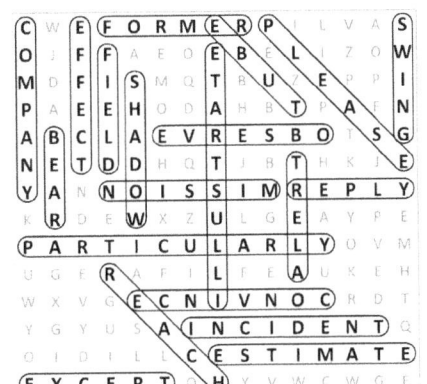

Puzzle 21

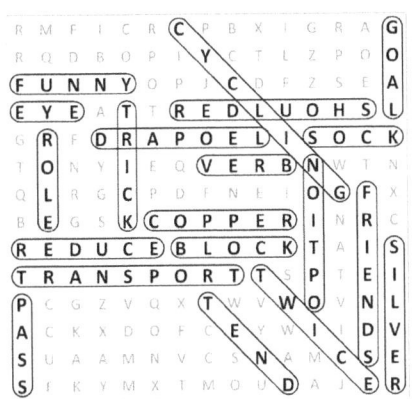

Puzzle 22

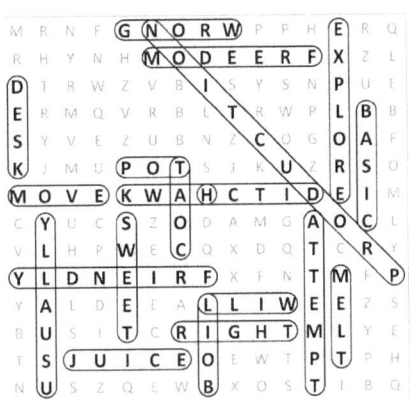

Puzzle 23

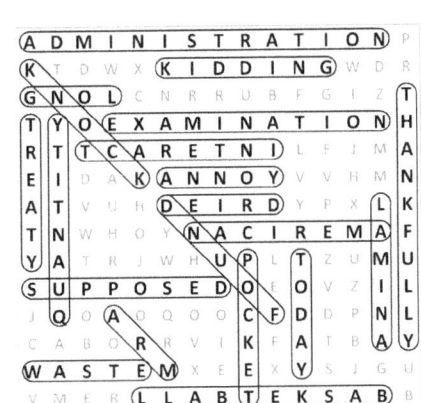

Puzzle 24

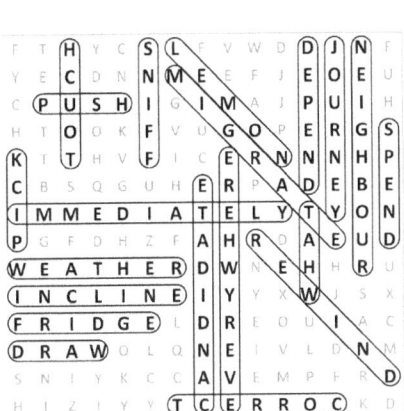

Puzzle 25

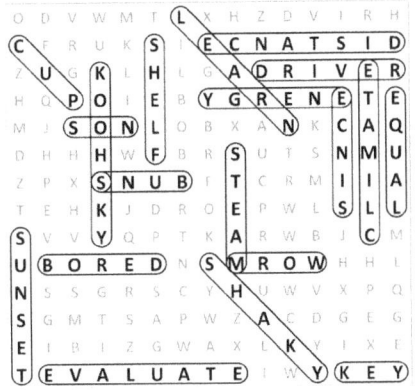

Puzzle 26

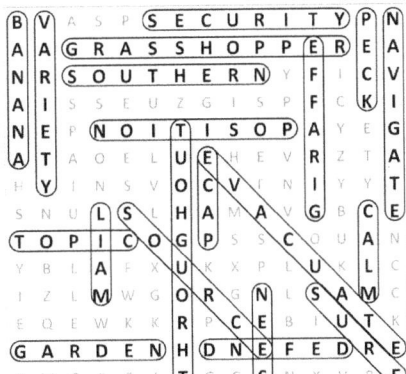

Puzzle 27

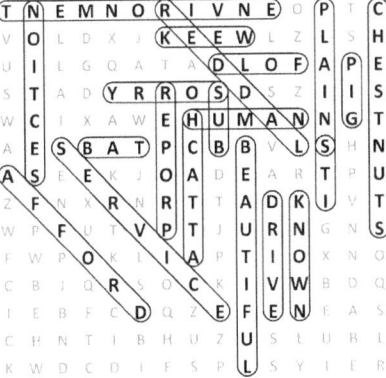

Puzzle 28

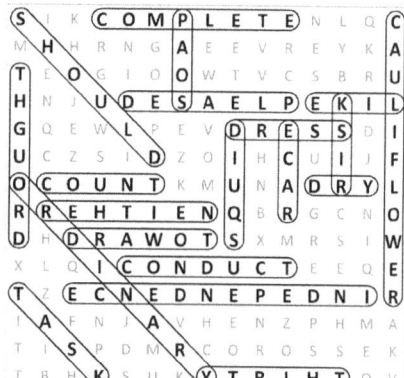

Puzzle 29

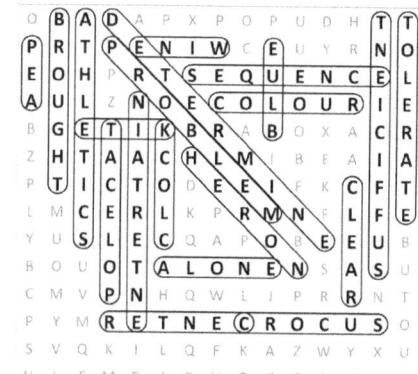

Puzzle 30

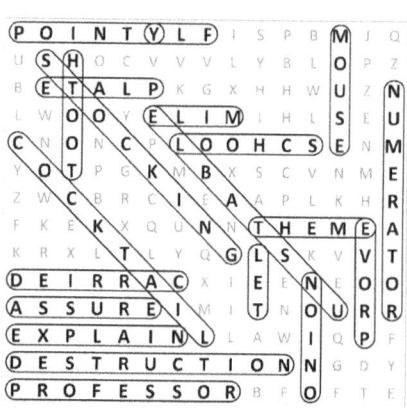

Puzzle 31

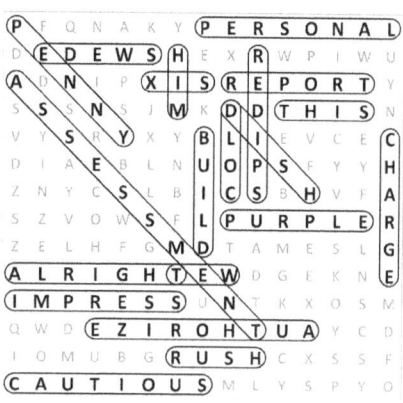

Puzzle 32

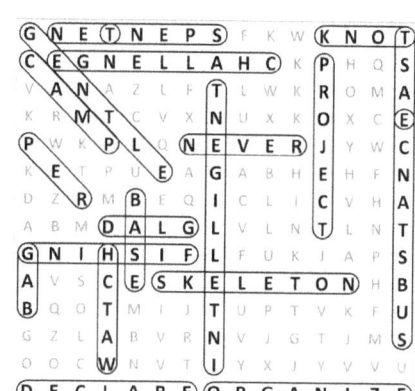

Puzzle 33

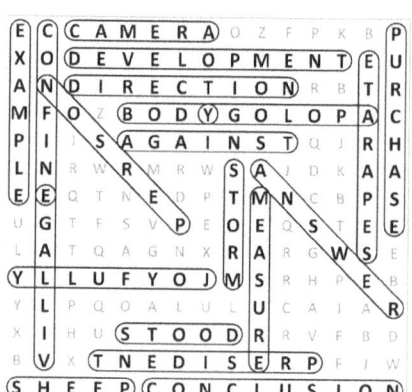

Puzzle 34

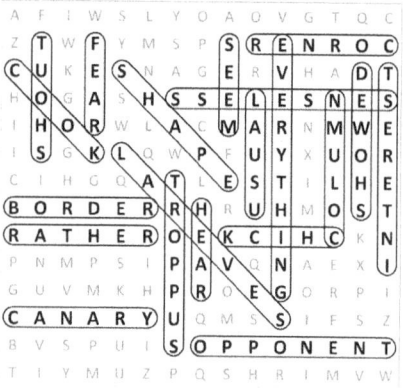

Puzzle 35

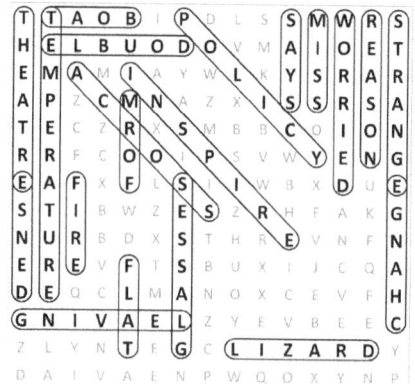

Puzzle 36

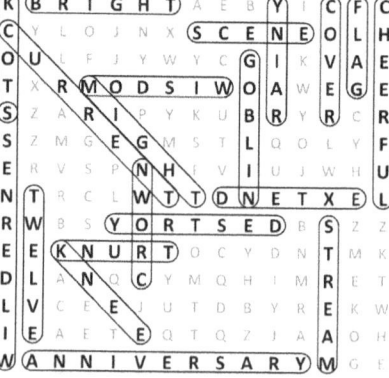

Puzzle 37

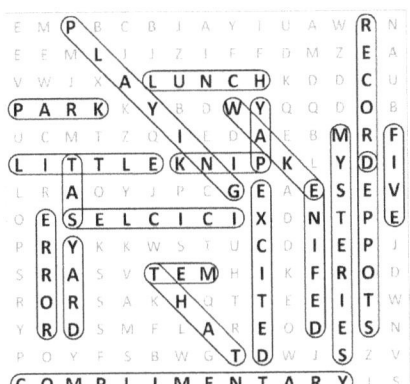

Puzzle 38

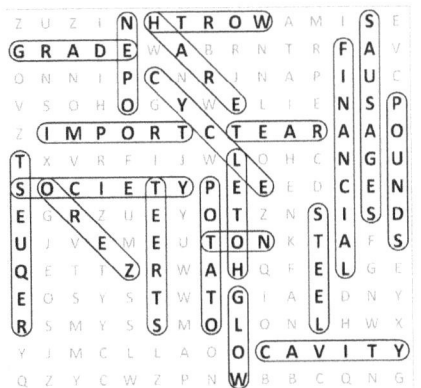

Puzzle 39

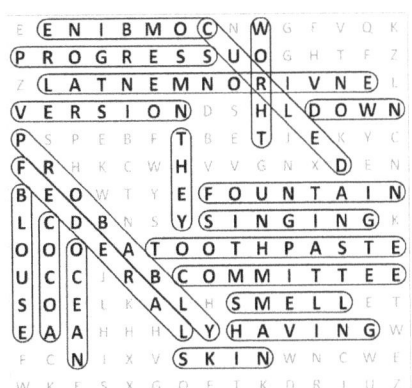

Puzzle 40

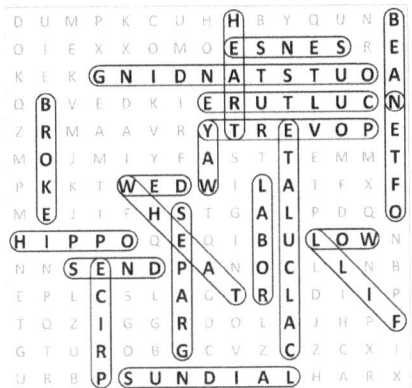

Puzzle 41

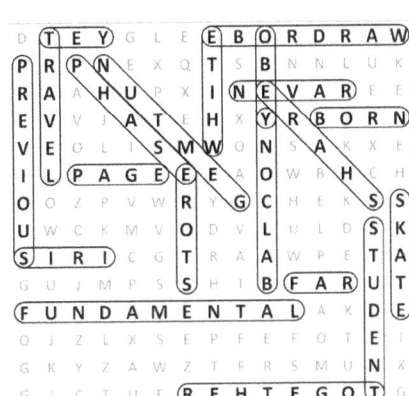

Puzzle 42

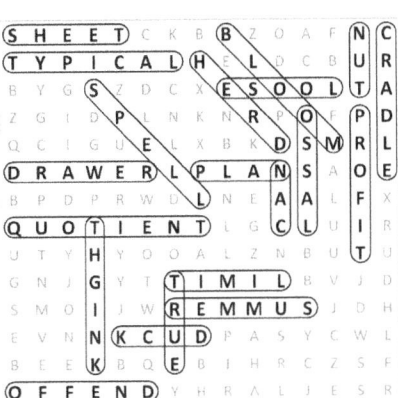

Puzzle 43

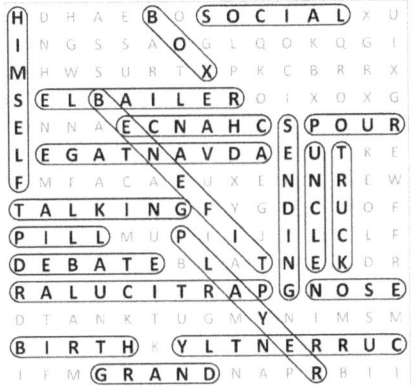

Puzzle 44

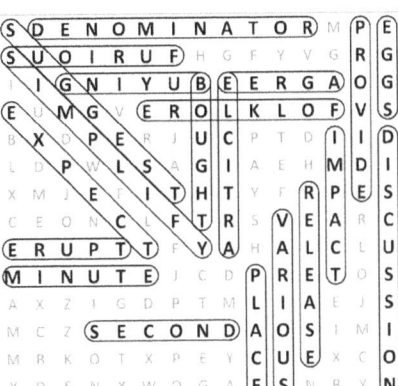

Puzzle 45

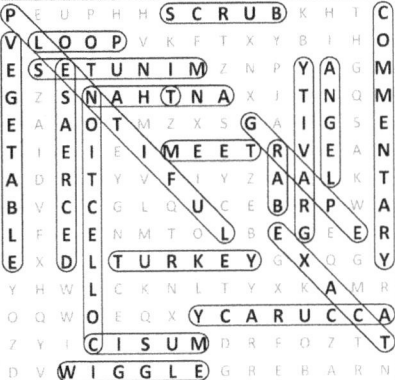

Puzzle 46

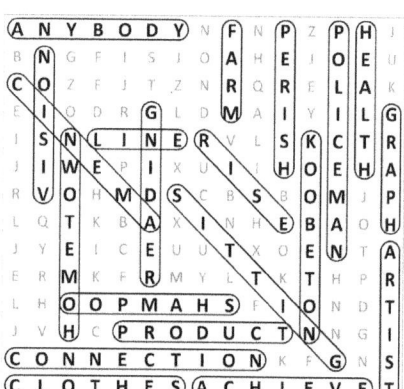

Puzzle 47

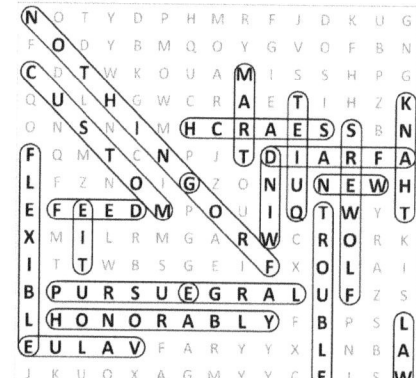

Puzzle 48

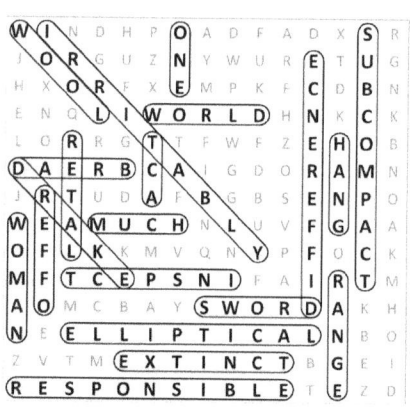

Puzzle 49

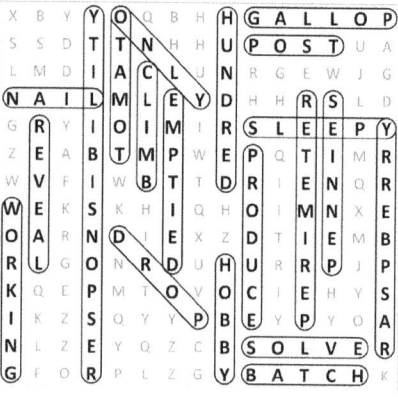

Puzzle 50

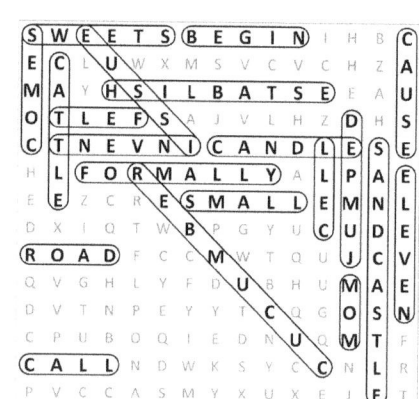

Puzzle 51

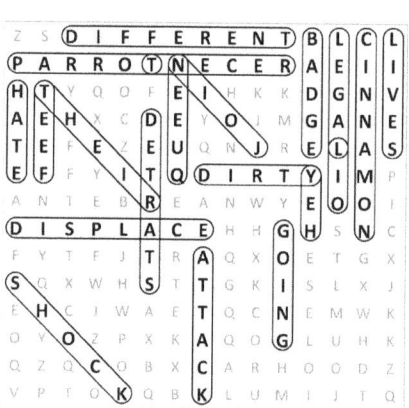

Puzzle 52

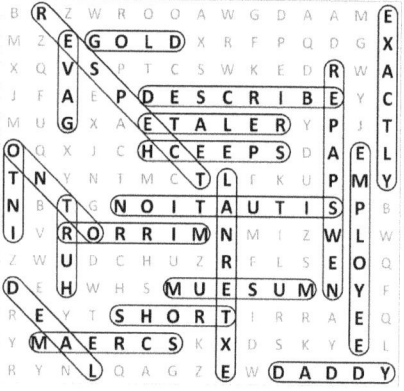

Puzzle 53

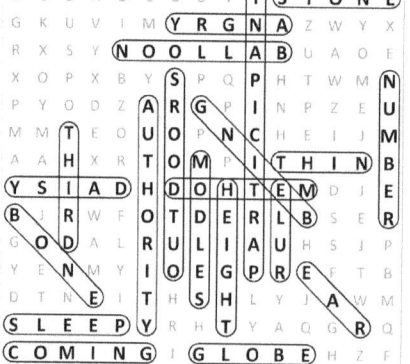

Puzzle 54

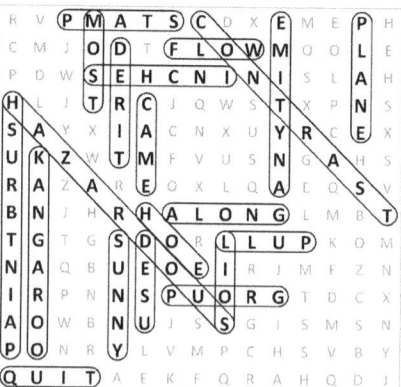

Puzzle 55

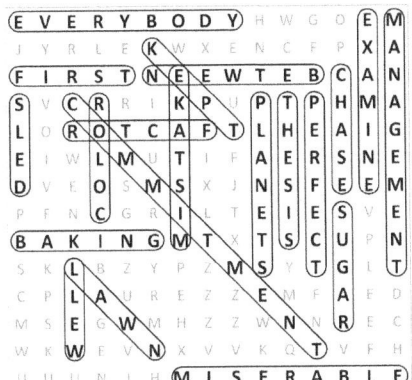

Puzzle 56

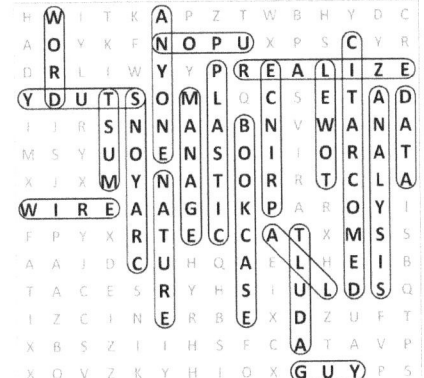

Puzzle 57

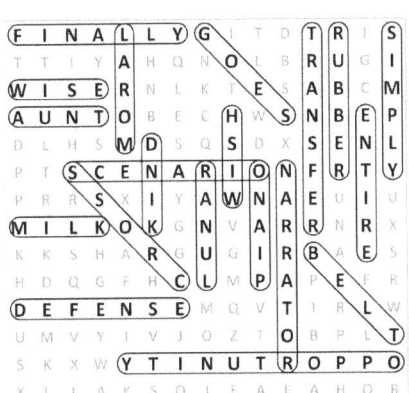

Puzzle 58

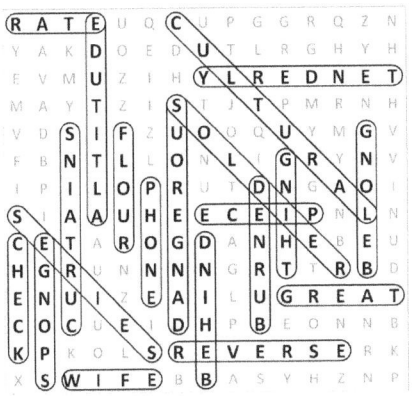

Puzzle 59

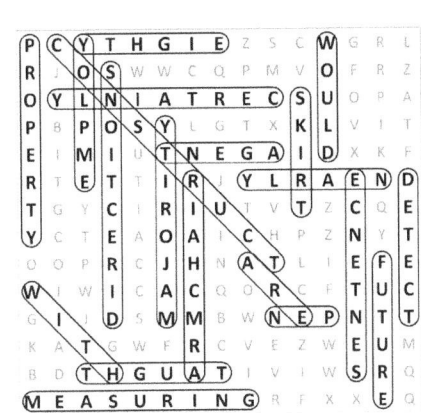

Puzzle 60

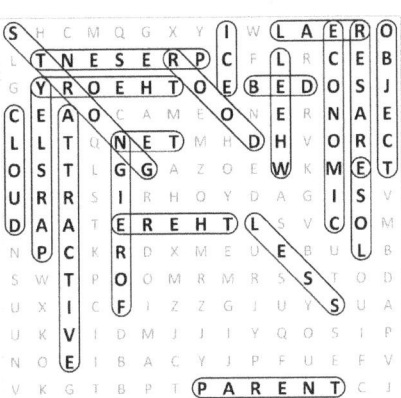

Puzzle 61

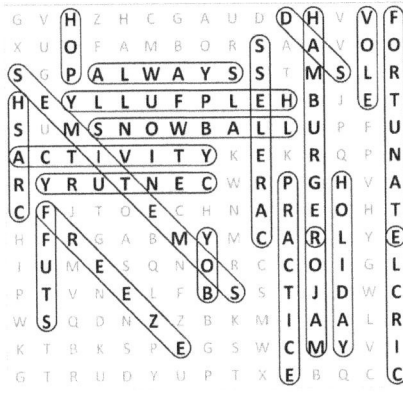

Puzzle 62

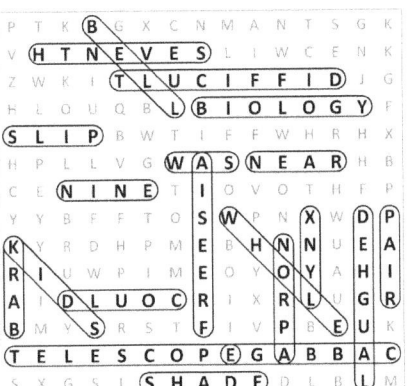

Puzzle 63

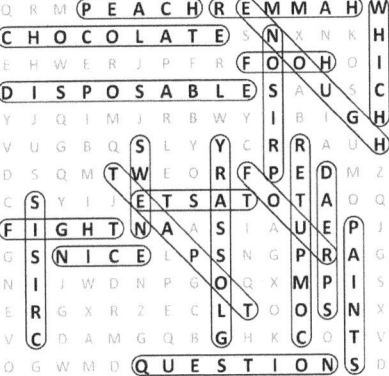

Puzzle 64

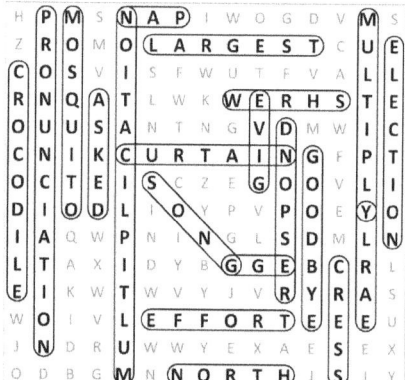

Puzzle 65

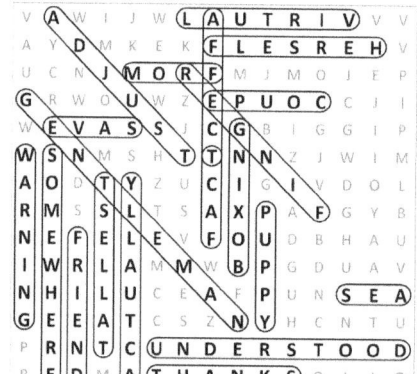

Puzzle 66

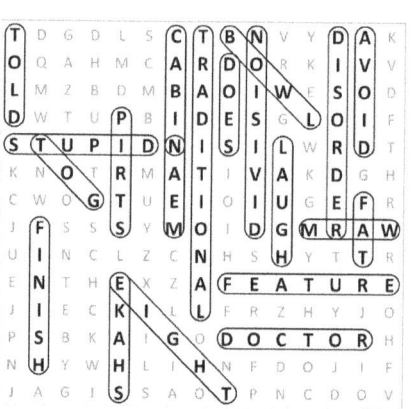

Puzzle 67

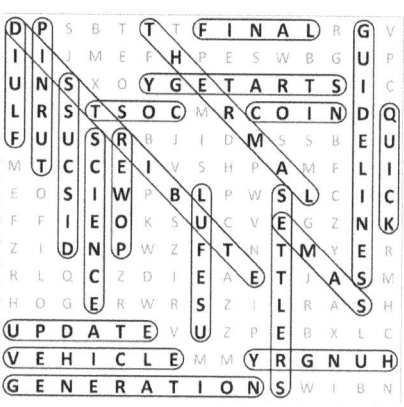

Puzzle 68

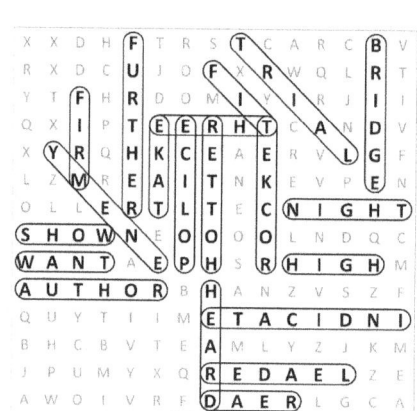

Puzzle 69

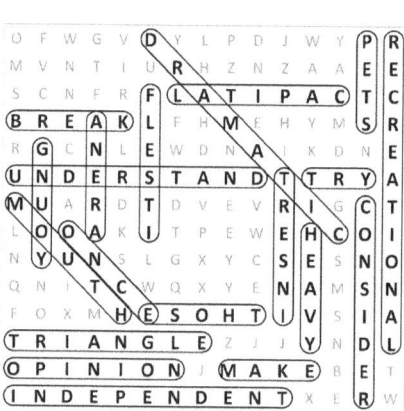

Puzzle 70

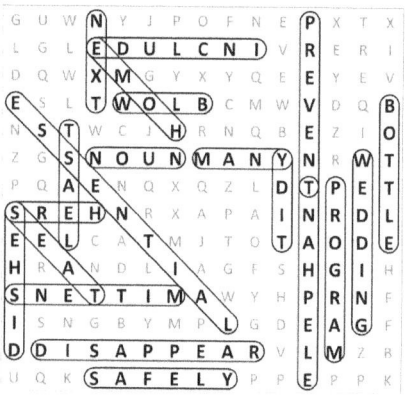

Puzzle 71

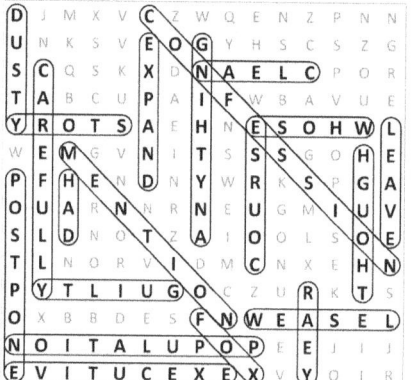

Puzzle 72

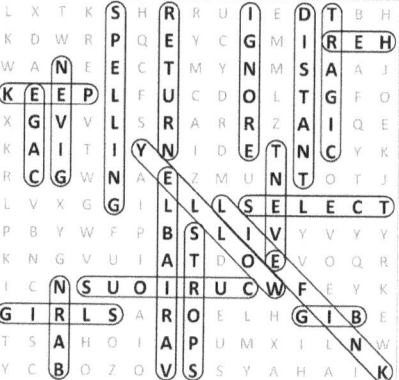

Puzzle 73

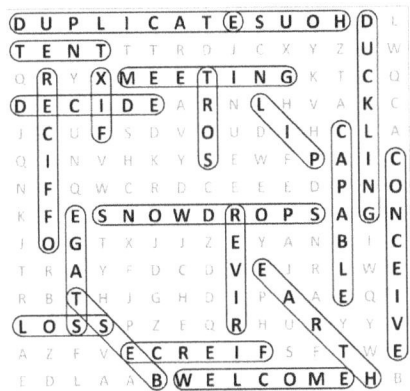

Puzzle 74

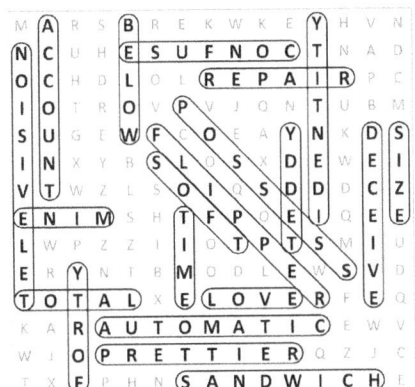

Puzzle 75

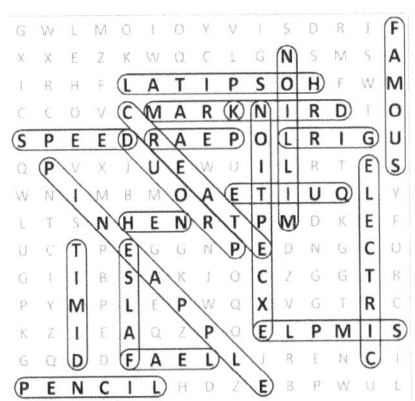

Puzzle 76

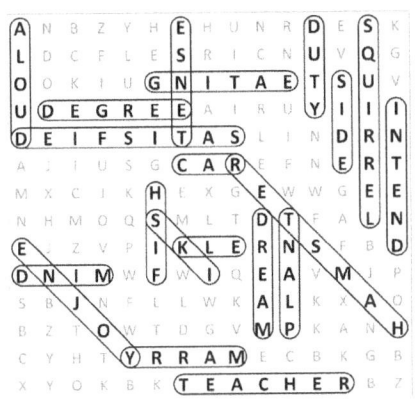

Puzzle 77

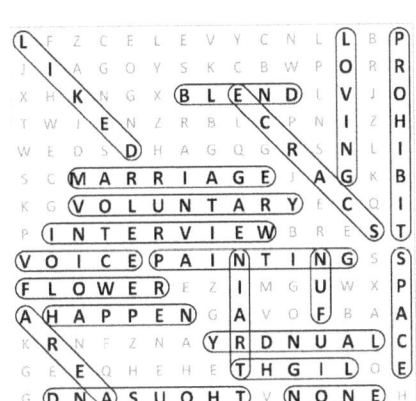

Puzzle 78

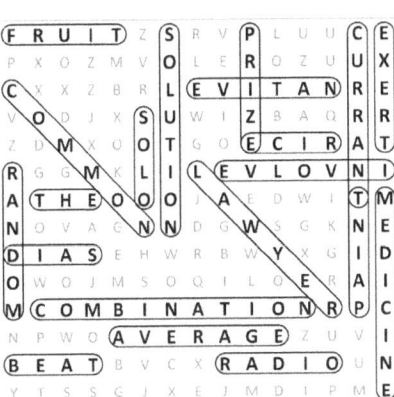

Puzzle 79

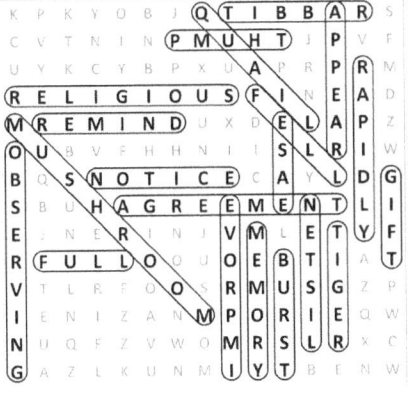

Puzzle 80

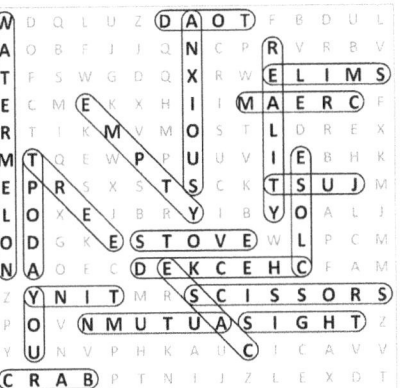

Puzzle 81

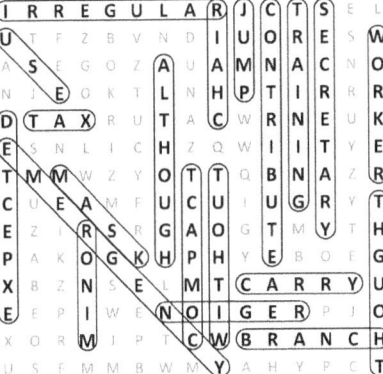

Puzzle 82

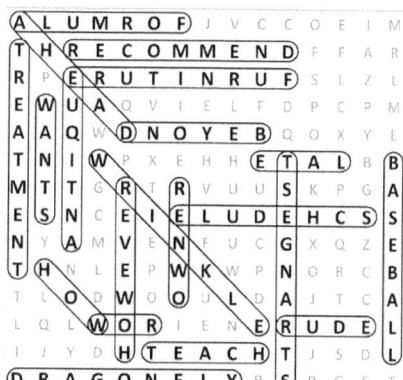

Puzzle 83

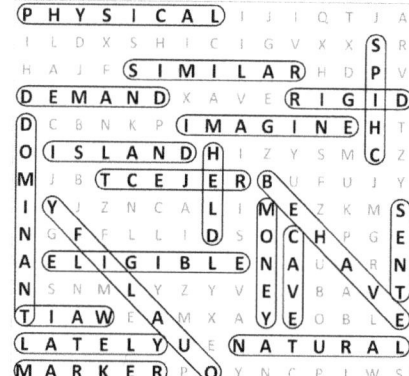

Puzzle 84

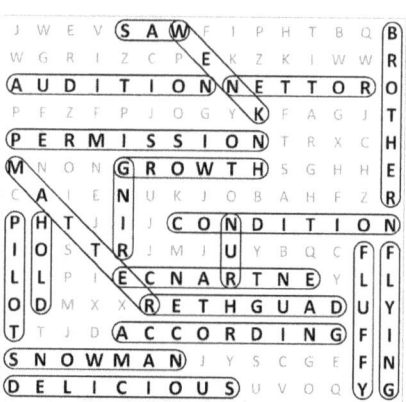

Puzzle 85

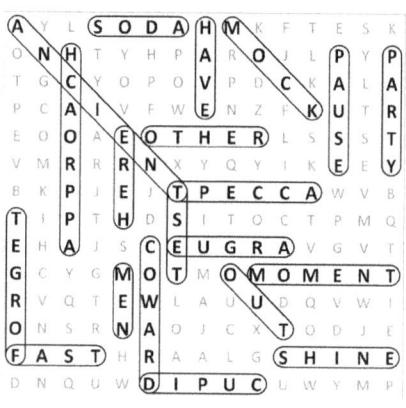

Puzzle 86

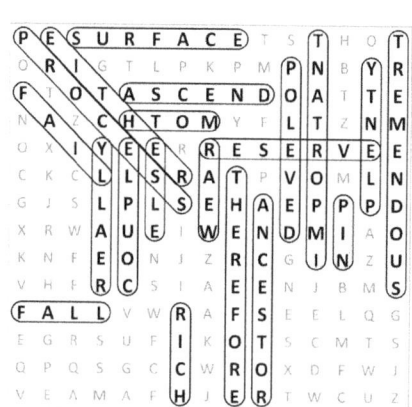

Puzzle 87

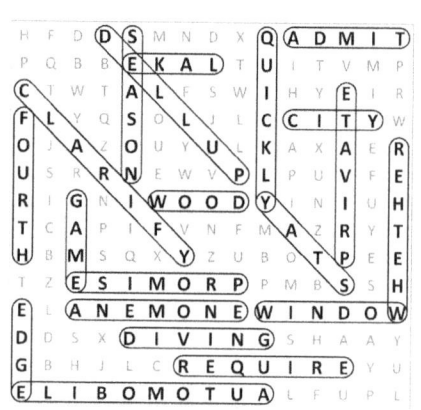

Puzzle 88

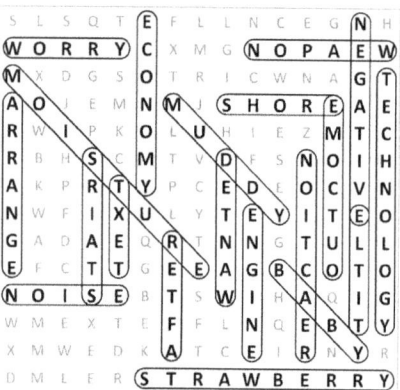

Puzzle 89

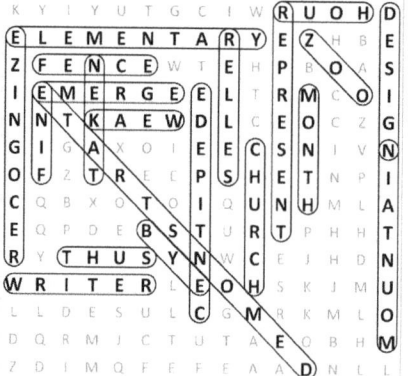

Puzzle 90

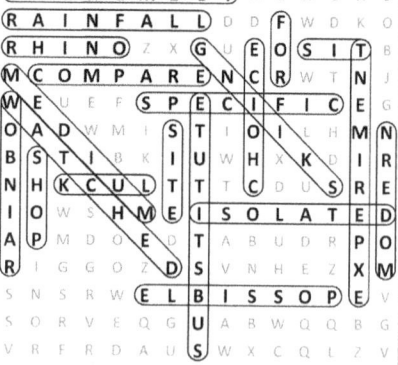

Puzzle 91

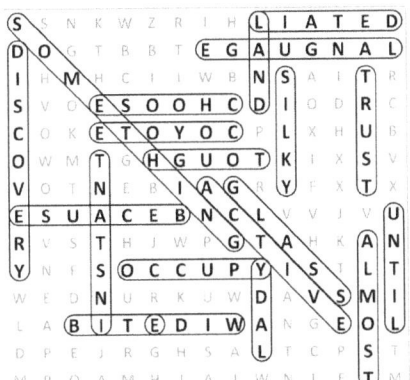

Puzzle 92

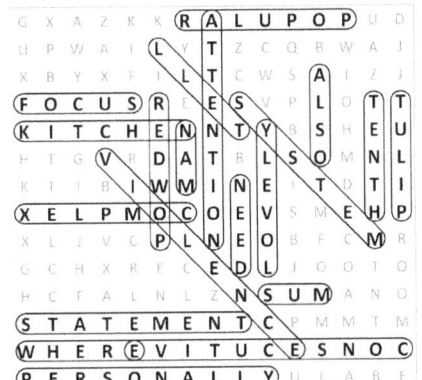

Puzzle 93

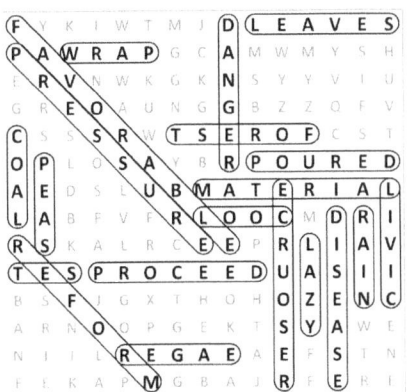

Puzzle 94

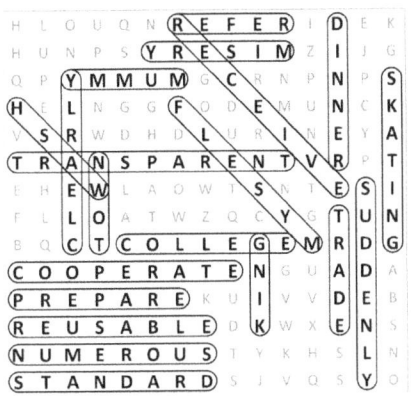

Puzzle 95

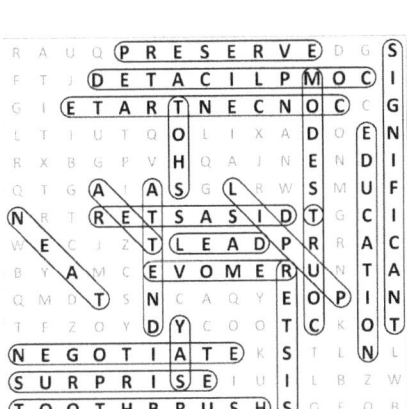

Puzzle 96

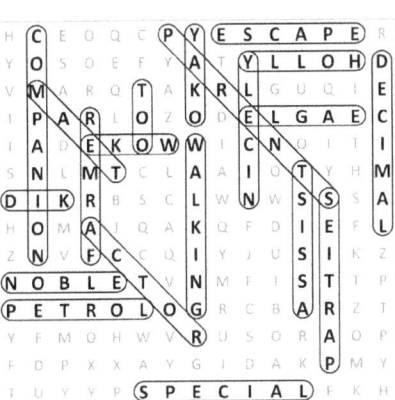

Puzzle 97

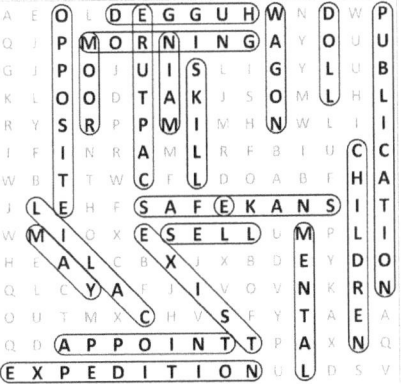

Puzzle 98

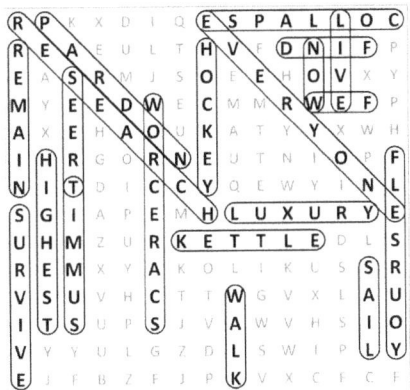

Puzzle 99

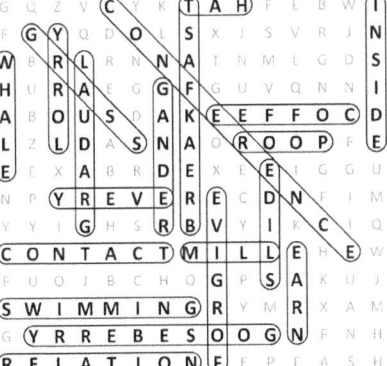

Puzzle 100

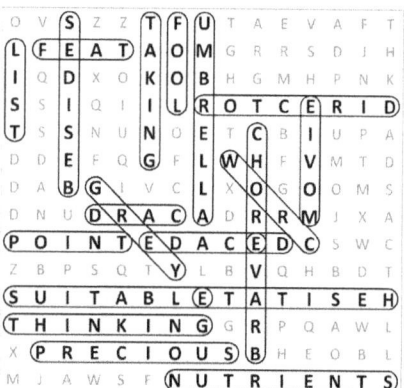

Congratulations

You made it!

We hope you enjoyed this book as much as we enjoyed making it. We do our best to make high quality games.

These puzzles are designed in a clever way to actively spark the brain and make it sharp and quick!
Did you love them?

A Simple Request

Our books exist thanks to the reviews you post on Amazon. Could you help us by leaving a review now?

Here is a short link which will take you to your Amazon orders review page.

BestBooksActivity.com/Review50

MONSTER CHALLENGE!

Challenge #1

Ready for Your Bonus Game? We use them all the time but they are not so easy to find. Here are **Synonyms**!

Note 5 words you discovered in each of the Puzzles noted below (#21, #36, #76) and try to find 2 synonyms for each word.

Note 5 Words from **Puzzle 21**

Words	Synonym 1	Synonym 2

Note 5 Words from **Puzzle 36**

Words	Synonym 1	Synonym 2

Note 5 Words from **Puzzle 76**

Words	Synonym 1	Synonym 2

Challenge #2

ow that you are warmed-up, note 5 words you discovered in each Puzzle
oted below (#9, #17, #25) and try to find 2 antonyms for each word.
low many lines can you do in 20 minutes?

Note 5 Words from **Puzzle 9**

Words	Antonym 1	Antonym 2

Note 5 Words from **Puzzle 17**

Words	Antonym 1	Antonym 2

Note 5 Words from **Puzzle 25**

Words	Antonym 1	Antonym 2

Challenge #3

Wonderful, this monster challenge is nothing to you!

Ready for the last one? Choose your 10 favorite words discovered in any of the Puzzles and note them below.

1.	6.
2.	7.
3.	8.
4.	9.
5.	10.

Now, using these words and within a maximum of six sentences, your challenge is to compose a text about a person, animal or place that you love!

Tip: You can use the last blank page of this book as a draft!

Your Writing:

Explore a Unique Store
Set Up **FOR YOU!**

MEGA DEALS

BestActivityBooks.com/**TheStore**

Designed for **Entertainment**!

Light Up Your Brain With Unique **Gift Ideas**.

Access **Surprising** And **Essential Supplies!**

CHECK OUT OUR MONTHLY SELECTION NOW!

- Expertly Crafted Products -

NOTEBOOK:

SEE YOU SOON!

Delta Classics Team